INHALT

VORWORT

Das Weisheitsbuch vom Glück und seiner Verwirklichung von Korai ist zum Glück (!) kein Buch mit sieben Siegeln, sondern ein Buch
über vier Brücken (Jo Raku Ga Ju) oder Übergänge zum Glück, wie
sie der Autor nennt, und die man auch im Zen-Sinne als »torlose
Tore« bezeichnen könnte. Ob Eingang, Tor, Übergang oder Eintritt
in die existenzielle Ausweglosigkeit des jeweiligen So-und-nicht-
anders, auf dem vierstufigen Weg durch Buch und Leben muss sich
jeder selbst erfahren. Nur so kann es zur Praxis der Verwirklichung
des Glücks gemäß dem vierten Kapitel kommen, unter der kalligra-
fisch-ästhetisch gestalteten Überschrift der Reinheit.

Auch die vorangehenden Kapitel weisen den Weg unter ähnlich
anspruchsvoll gestalteten Wort-Zeichen (Ewigkeit, Heiterkeit,
Selbstlosigkeit), und es mag denn auch nicht verwundern, dass
sich der Gleichklang der vier Stufen durch alle Kapitel gleichermaßen hindurchzieht.

Ob in den vier Pfeilern des O(llen) W(eisen), jenes 92-jährigen
Opa Wilhelm, und in dessen gelebter Daseins-Philosophie ein-
schließlich der ungewussten, aber gekonnten Tai-Chi-Übung, ob
in dem raum-zeit- und zeichenübergreifenden Teisho von Ikedo
Yoshimasa, der im Einswerden mit dem, was ist, die Lösung aller
Koans anklingen lässt, wofür der Knall des Keisaku ebenso steht
wie der volle Klang der vierfachen Weisheit von Großvaters Big-
Ben-Klangstäben in der Uhr oder Hakuins Ton der einen Hand –

oder ob der ehrwürdige Mönch Akihiro-San wortlos seine vier Belehrungen des Einsseins von ewig, heiter, selbstlos, rein wie ein leerer Spiegel bildlos-vorbildhaft vorlebt: Es geht immer um das eine – dasselbe.

Der ortlose Ort für den Eingang in die Einheitlichkeit des Reinen Landes ist der Spiegelsaal unseres eigenen Herzens, in dem sich Liebe und Weisheit zum Glück des personenhaften Erleuchtungserlebnisses vereinen. Doch wenn es auch dazu der fortgesetzten Übung des »Sich-selbst-/Sein-Selbst-Loslassens« bedarf, so macht doch der »Alltag als Übung« (mit einem Buchtitel von Graf Dürckheim) Hoffnung darauf, diesen Weg der Aus-Weg-Losigkeit schließlich zu finden im Lichte von Ehrfurcht, Harmonie, Reinheit und Stille – den vier Tugenden der klassischen japanischen Teezeremonie. Eintreten kann und muss man schließlich allein, im Sinne auch der Weisung Friedrich Nietzsches:

**Es gibt auf dieser Welt einen einzigen Weg,
den nur du allein gehen kannst. Wohin er führt?
Frage nicht – geh ihn!**

So auch nach dem alten chinesischen Gedicht des Selbst-losen Weisen:

**Tritt er in den Wald,
so bewegt sich nicht ein einziger Grashalm,**

taucht er in das Wasser ein,
so bildet sich nicht eine einzige Welle,
niemand bemerkt ihn,
weil er von sich selbst keine Notiz nimmt,

in dessen altruistischem Erleuchtungsgeist er die Gestalt des Gestaltlosen nach Hakuins Chorgesang angenommen hat, der aus
der grenzenlosen Freiheit des Einsseins heraus zeitfrei und kar-
malos handelt im Nichthandeln (dem Wu-Wei der Chinesen), das
er lebt.

Dr. Peter Zürn, Weiler bei Bingen

DER VIERSTUFIGE WEG DURCH DIESES BUCH

Wir durchlaufen im Leben immer wieder vier Stufen der Kompetenz, bevor wir eine meisterliche Qualität im Denken und im Handeln entwickeln können. Diesen Weg der vier Stufen (Shi Do) gehen wir in diesem Buch, wenn du willst, gemeinsam.

Erste Stufe

Noch weißt du nichts vom Nutzen dieses Buches für dein Leben. Das ist der erste Zustand, in dem wir etwas gar nicht kennen. Wir nennen ihn:

unbewusste Inkompetenz

Zweite Stufe

Du hast dieses Buch gelesen und weißt, was darin steht. Das heißt natürlich noch lange nicht, dass du das, was du gerade gelesen hast, auch beherrschst. Das ist der zweite Zustand, in dem wir etwas kennen, ohne es zu können. Wir nennen ihn:

bewusste Inkompetenz

Dritte Stufe

Nehmen wir einmal an, dass der Inhalt dieses Buches in dir anklingt und du beschließt, zu tun, was zu tun ist. Du begibst dich also auf den Weg der Verwirklichung dessen, was du gern beherrschen willst. Das ist der dritte Zustand, in dem wir etwas üben. Wir nennen ihn:

bewusste Kompetenz

Vierte Stufe

Der meisterliche Zustand beginnt erst viel später, nämlich dann, wenn jemand eine Kunst so lange geübt hat, bis er sie ohne Nachdenken perfekt und völlig unterbewusst beherrscht. Dies ist der vierte Zustand, den es zu erreichen gilt, in dem jemand etwas automatisch beherrscht. Wir nennen ihn:

unbewusste Kompetenz

Leider gibt es keine Möglichkeit, die Reihenfolge der Kompetenzqualitäten zu verändern oder eine davon zu überspringen. Zugegeben, es treten gelegentlich Ausnahmen auf wie Mozart, der bereits als Meister geboren wurde. Weit häufiger bedarf es allerdings eines übungsreichen Weges, bis jemand meisterliche Fähigkeiten entwickelt. Das gilt auch für die in diesem Buch beschriebenen Wege zum Glück. Man täuscht sich, wenn man glaubt, dass ein gut situiertes soziales Umfeld das Erreichen des Glückszustandes begünstigt. Das ist nicht der Fall. Das Glück kann nicht im Außen gefunden werden. Haben wir nicht alle schon davon gehört, wie Reichtum zu Arroganz, Missgunst, Sucht oder sogar Krankheit geführt hat?

Eher ist es wohl so: Man kann die Übergänge zum Glück finden, obwohl man reich geboren wurde oder reich ist … das kann aber einer, der arm geboren wurde oder arm ist, genauso. Manchmal sogar noch viel besser, weil er nicht so leicht träge wird.

Wie die Übergänge zum Glück gefunden werden können und wie man sie gehen kann, davon handelt dieses Buch. Bitte, begleite mich nun durch die vier Stufen der Kompetenz bis zum meisterlichen Weg des Glücks. Ich nenne diesen Weg Shi Do, und die Übergänge heißen Jo, Raku, Ga, Ju.

WIE DAS GLÜCK IM TEUFELSMOOR ZU FINDEN IST

Im Teufelsmoor bei Worpswede wurde in den Nachkriegsjahren aus krummen Baumstämmen ein ungewöhnliches Waldhaus im Hoettger-Stil errichtet. Darin lebten im Laufe der Jahrzehnte ein Maler, ein Forscher, ein Fotograf und für drei Jahre ich selbst. Es war eine Zeit, in der ich zu neuen Wegen finden wollte, weil ich drei Katastrophen auf einmal zu bewältigen hatte. Ich hatte ein komplettes Jahreshonorar an meinen Treuhänder verloren, ich steckte in einer Beziehungskrise, und ich litt unter einem Burn-out-Syndrom. Da bot mir ein Freund an, in diesem Waldhaus ohne Zeitlimit neue Kräfte zu entwickeln. So kam es, dass ich im Jahre 1989 nach Norden ins Teufelsmoor zog, um dort zu wohnen und zu … ja, was eigentlich? – Genau wusste ich es nicht.

Ich blieb dort drei Jahre als Eremit, ohne Fernsehen, ohne Zeitungen, nur ich, das Haus und Tausende alte Laubbäume drumherum. Auch drei Jahre beginnen mit der ersten Nacht, in der sich Welt und Natur in einem vereinen und zu ganz neuen Erfahrungen werden.

Aus Geräuschen wurde in mir höchste Anspannung, aus Bäumen in der Dunkelheit wurden mir Gespenster, aus der Einsamkeit entstanden Fragen wie »Was mache ich hier?«, »Was soll das?«, »Bin ich jetzt völlig abgedriftet?«.

Als Gegenpol waren aber auch solche Gedanken in mir: »Bitte, Schicksal, hole mich hier raus, bringe mich mit guten Menschen und lohnenden Aufgaben in Kontakt, bitte, lasse mich hier nicht auf den Schemeln des Vergessens ruhen!«

Drei Jahre später war meine Welt dort tatsächlich voller Freude, aber bis dahin hatte ich einige Nachtmeerfahrten hinter mir, die aus Tränen, Verzweiflung, Nervenstrapazen und Ängsten bestanden. Doch die andere Seite des Schicksals zeigte sich bald auch, und mir wurden Begegnungen, Einsichten und Übungen geschenkt, die den Preis der tausendnächtigen Eremitage wert waren.

Eines Abends, es war zur Dämmerstunde in einer Sommernacht, saß ich auf der Terrasse an dem winzig kleinen Teich, da geschah etwas Unglaubliches! Aus dem Haus hörte ich ein lautes Rutschen und Schlagen und Gurren, und ich war bis ins Mark erschrocken. Wie im Traum ging ich zögerlich, vorsichtig zum großen Parterrezimmer und sah von außen durch die Fenster … und ich sah eine Eule, die mit ausgebreiteten Flügeln wild um sich schlagend durch den Raum torkelte.

Die Eule hatte eine Spannweite von geschätzten drei Metern und einen mörderisch scharfen Blick, so jedenfalls kam es mir vor. Später erkannte ich an den Spuren, dass die Eule durch den Kamin abgestürzt und mitten in der offenen Feuerstelle im Haus gelandet war. Gott sei Dank, war der Kamin noch kalt. In ihrer Panik hatte diese große Waldeule alle meine Bücher im Raum durcheinandergebracht und üble Spuren und Gerüche hinterlassen.

Wie fängt man eine Eule? Wie macht man das? Ich riss alle Fenster und Türen auf, holte einen großen Umzugskarton aus dem Keller und konnte damit diesen Waldbewohner behutsam in die Freiheit dirigieren.

Als ich mich ans Aufräumen machte, lag mitten im Raum, im Durcheinander der Bücher, eine Videokassette, die der panische Uhu mit seinen Flügelschlägen von dem Bücherbrett an der Wand heruntergeschlagen hatte. Es war die Videoaufnahme, die ich vier Jahre zuvor mit meinem Großvater väterlicherseits aufgenommen hatte.

»Opa Wilhelms Botschaft« stand handschriftlich auf die Hülle geschrieben. Noch an diesem Abend baute ich mir das Video-Abspielgerät auf und sah mir die beiden Interviews an, die ich kurz vor dessen Tode mit meinem Opa bei ihm zu Hause in Hamburg aufgenommen hatte.

Dabei erinnerte ich mich an zwei besondere Botschaften von OW (Opa Wilhelm) an mich:

1. »Alles entsteht durch Zufall, ohne Schöpfer, und endet mit dem physischen Tod. Sollte es doch irgendeine Existenz nach dem Tode geben, werde ich dir ein Zeichen geben, das dir nützlich ist.«

2. »Es gibt eine Übung, die mir in schwierigsten Zeiten wie Krieg und Gefangenschaft geholfen hat, doch wieder glücklich zu leben, diese Übung zeige ich dir jetzt zum Besten für dein Leben.«

Oh, Opa, nun warte ich seit vier Jahren auf dein Zeichen aus der Anderswelt. Sollte es dieses Chaos gewesen sein? Und wie konntest du als Sendboten gerade eine alte Eule schicken, die als Symbol der Weisheit gilt? Auch Zufall? Oder hast du dich getäuscht, und es ist möglich ...?

Ja, es ist möglich!

Und ist es Zufall, dass diese Übung, die OW durch Krieg und Lazarett begleitet hatte, sehr viel Ähnlichkeit hat mit einer Schattenübung aus der asiatischen Kampfkunst, die mir von dem Budo-Meister Wolf-Dieter Wichmann (7. Dan) gezeigt wurde? Diesen Budo-Lehrer lernte ich in der Zeit meiner Eremitage kennen, als ich über zwei Zen-Mönche in die Meditation eingewiesen wurde. Solche Gedanken wurden an diesem Abend ganz lebendig in mir, als ich OW im Videofilm reden und agieren sah.

Nun, lieber Leser, ist es so weit, es wird zu staunen geben, wenn du von den vier Übergängen zum Glück erfährst, um dieses Wissen dann für dein eigenes Glück zu nutzen. Eines noch voraus, weil OW es für besonders wichtig hielt:

Gerade leichte Übungen celebriere konzentriert!

Und dies ist eine leichte Übung.

I. DAS GLÜCK AUS DER ERKENNTNIS EINES GANZEN LEBENS

DAS ÄSTHETISCHE GEHEIMNIS VON OW

Als mein Großvater Opa Wilhelm 92 Jahre alt war, sprach ich mit ihm über sein langes Leben und die Erfahrungen, die er gemacht hatte. Geboren 1894, hatte er eine ganze Menge von der Entwicklung der modernen Zeiten miterlebt. In diese Zeitspanne fiel die technische Entwicklung des Radios, des Fernsehens, des Automobils, des Flugzeuges, des Computers und die erste Mondlandung. In diese Zeit fiel die politische Entwicklung zu den beiden Weltkriegen, der Holocaust unter Hitler und auch der Durchbruch der Gewerkschaften.

In seiner Jugend waren Jahre der Wanderschaft für einen Burschen wie Wilhelm ganz normale Jahre der persönlichen Entwicklung. So war er Hunderte von Kilometern zu Fuß durch das weite Land gewandert. Von dieser Reise brachte er auch sein »Tonerle« mit, seine Frau. Mit ihr blieb er 65 Jahre lang verheiratet. Aus dieser Zeit brachte er aber auch sein »geheimes Wissen« mit, von dem ich nun erfahren sollte.

Damals konnte ich nicht ahnen, was das einmal für mich bedeuten würde, als ich ihn im Jahre 1986 fragte, ob er denn all sein erworbenes Wissen und diesen einmaligen Schatz an Erfahrungen mit ins Grab nehmen wollte.

Ich konnte so reden mit meinem Großvater, denn er war Realist, wie er selbst gern betonte. Und nachdem sein Tonerle vor einigen

Monaten gestorben war, hatte er auch keine Lust mehr zu leben. Aber als ich ihn fragte, ob er nicht ein Interview mit mir machen wolle, vor meiner Videokamera, über seine Beobachtungen in diesem erfüllten Leben, da wurden seine Augen noch einmal ganz wach, und er sagte sehr energisch in seinem Hamburger Plattdeutsch: »Jau, min Jung, dat mok wi!«

Dann ging alles ganz schnell, ich baute meine Videokamera in seinem Wohnzimmer auf und sagte ihm, dass er sich danach gleich in seinem eigenen Fernseher angucken könne, was wir da besprochen hätten. Ungläubig fragte er mich: »Wie bidde, in mein Fernseher? Musst du den Film denn nich' erst mal entwiggeln?«

Wir einigten uns auf drei Themenbereiche für drei Interviews: Zuerst Technik, dann Politik und dann Philosophie. Damals ahnte ich nicht, dass diese Interviews mein Leben entscheidend beeinflussen würden. Es fing ganz amüsant an, wir hatten uns ein Gläschen Wein eingeschenkt, obwohl meine Mutter mir gesagt hatte, ich solle Opa bloß keinen Alkohol geben, weil der sowieso schon immer so ungesund lebe. Seit sechzig Jahren rauchte Opa Ernte 23.

Der erste Satz, den ich auf Videofilm aufnahm, war dieser: »Peida, wat heit dat, in Sommer ward heida, in Winner ward koller, min Peida ward oller. Prost, min Jung!«

Natürlich hatte er recht damit, aber wenn einer nennenswert älter geworden war, dann doch er selbst.

Wenn ich den Erzählungen von Opa Wilhelm auf diesem Videofilm glaube, dann war er es, der das erste Detektor-Radio so weit entwickelt hatte, dass man sagen könnte, er habe das Radio erfunden. Für einen Moment war ich stolz darauf, einen so tüchtigen Großvater zu haben.

Mit siebzehn las er zum ersten Mal heimlich unter der Bettdecke das Buch »Die Welträtsel« von Ernst Haeckel. Es sollte für seine geistige Entwicklung entscheidend sein. Aus dieser Lektüre entstand seine das ganze Leben andauernde Neigung, sich mit Wissenschaft und Philosophie zu befassen. Er trat damals dem »Bund der Monisten« bei und blieb Monist bis zu seinem Tode zwei Wochen nach unserem zweiten Interview.

Auch nach Opa Wilhelms Tod habe ich unsere Interviews öfters angesehen und manches Mal etwas Neues herausgehört, herausgesehen oder herausgespürt. Ich möchte jedem empfehlen, mit einem Menschen, der einem nahesteht, ein solches Interview zu führen, unabhängig davon, ob derjenige schon 92 Jahre gelebt hat. Es sind die Persönlichkeit und die Reife, die ein Mensch erreicht hat, die es eines Tages erlauben, im Gespräch von ihnen zu profitieren. Alles, was man dazu braucht, ist eine Videokamera ... und ein Gläschen Wein.

Wir setzen damit die gute Tradition der mündlichen Weitergabe von Meister zu Schüler fort. Der Informationsgehalt ist an Tiefe unvergleichlich und jeder anderen Art der Überlieferung weit überlegen, weil die formulierte Erinnerung aus gelebtem Wesen kommt. Wann der geeignete Zeitpunkt da ist, das weiß das eigene

Herz. Ich wusste damals all dies nicht bewusst, und unser Interview ergab sich eher aus der Situation.

Heute glaube ich, dass Opa Wilhelm der Initiator war. Heute weiß ich auch, in welchem Zusammenhang er über das geheime Wissen sprach, ohne dass ich es im damaligen Gespräch bemerkte. Manchmal sprach er besonders deutlich und war dabei bemüht, ohne Dialekt zu reden. Diese Dramaturgie seiner Rede war wohl jedes Mal ein Hinweis für mich, jetzt besonders aufzupassen.

Zeitweilig sprach da der alte Kriegsveteran, der mit zweiundzwanzig im ersten Weltkrieg in Verdun, auf französischem Schlachtfeld, durch Splittergranaten verwundet wurde und dann im Lazarett behandelt wurde. Aber das war alles gut überstanden, bis auf einige Splitter im Arm, die nie entfernt werden konnten.

Und dann auf einmal sprach er Hochdeutsch und sehr deutlich, als er wie beiläufig erwähnte: »Ich hatte das Glück, nach dem Krieg einem Dr. Albert Abrams zu begegnen.« Und während er genüsslich zu seinem Weinglas griff, konnte ich fragen, wer denn dieser Dr. Abrams war.

Opa Wilhelm sprach betont deutlich weiter: »Dieser Mann war ein amerikanisches Genie. Der hatte bei uns in Heidelberg, an der ältesten deutschen Universität, Medizin studiert und im Alter von siebzehn Jahren promoviert, ein Wunderkind, ein Genie.« Ich sagte ihm, dass man so etwas heute »Hochbegabtenförderung« nennen würde, wenn einer schon im Alter von zwölf Jahren studieren kann.

»Na egal«, sagte Opa Wilhelm, »der war für einen Arzt noch zu jung und durfte noch nicht praktizieren, deshalb forschte er auf eigene Faust.« Dieser Mann hat dabei durch Zufall etwas beobachtet, was einem normalen Mediziner gar nicht aufgefallen wäre. Er bemerkte nämlich, dass man bestimmte Symptome auf der Bauchdecke eines Patienten abklopfen konnte – und jetzt kommt's: ... wenn der Patient gen Westen stand. Sonst nicht!

Nur wenn sein Patient mit dem Gesicht in Richtung Westen stand, konnte er einen veränderten Klopfton feststellen, der zu einer ganz bestimmten Krankheit gehörte. Daraus hat sich später die sogenannte »Radionik« entwickelt. Heute ist diese Methode zur Analyse und Balancierung im Bereich der Alternativmedizin bekannt. Und dieser Dr. Abrams hat mir damals seine ›Ethik vom Glück‹ erklärt.« Und dann lachte Opa Wilhelm und sagte in seinem hamburger Plattdeutsch: »Tja, eigentlich hab ich ja man die Radionik auch mit entdeckt, nich' wahr? Kennst du das?«

Damals dachte ich zuerst, dass diese Geschichte wieder irgendetwas mit der Erfindung des Radios zu tun haben würde. Damit hatte es aber nichts als den Klang des Namens gemein, und OW erklärte mir das auch gleich.

Nie hatte ich erwartet, solche Dinge zu erfahren. Die waren mir völlig unbekannt. Und wir hatten doch erst jeder ein halbes Glas Wein getrunken.

OW erklärte mir, dass dieser Abrams die Bauchdecke des Patienten gewissermaßen als Detektor zum Erkennen kleinster elektronischer Spannungsmuster nutzen konnte. Deshalb nannte er seine Methode anfänglich E.R.A. (Electric Reaction of Abrams). Und dann fügte mein Opa mit dem Ton des Bedauerns hinzu: »Leider ist Dr. Abrams schon mit 61 Jahren, mitten in der Arbeit, gestorben. Ich glaube, der hat zu viele E.R.A. abgekriegt, die er selbst nicht vertragen konnte. Aber er war ein glückliches Genie, der später zum Präsidenten der amerikanischen Ärztegesellschaft wurde, und sein außerordentliches Werk lebt auch heute noch.«

Ich erinnere mich noch sehr genau daran, dass ich zu diesem Zeitpunkt des Gespräches zwei Dinge beschloss: Erstens, ich wollte mir das Buch von Ernst Haeckel besorgen, und zweitens, im Lexikon nachsehen, was da unter »Radionik« stand.

Einige Tage später hielt ich das Buch »Die Welträtsel« in der Hand und fing an zu lesen, auf der Suche nach den Erkenntnissen, die meinen Großvater OW für sein geheimes Wissen sensibilisiert hatten.

Den Begriff Radionik konnte ich in keinem Lexikon finden. Keiner, den ich fragte, hatte den Begriff je gehört, und auch kein Arzt, den ich fragte, wusste, was gemeint war.

Das Haeckel-Buch zu kaufen, war dagegen überhaupt kein Problem, weil es nach wie vor verlegt wurde. Bei der Lektüre der »Welträtsel« wurde ich innerlich bald ungeduldig und sogar wütend über solch eine Borniertheit dieses Wissenschaftlers. Dort wurde jede Religion infrage gestellt. Immanuel Kant schien längst widerlegt, und andere Philosophen wurden ausschließlich an ihren Denkfehlern gemessen. Das Christentum wurde ad absurdum geführt und die historische Existenz Jesu Christi verneint. Der Buddhismus wurde als Grundlage des christlichen Irrtums entlarvt und Buddha als wandernder Quacksalber und Seelenfänger beschrieben. Die Wahrheit, die all diesen Irrtümern entgegenstand, war der Monismus. »Unser Monismus«, wie Haeckel ihn nannte.

Das alles hatte den jungen Wilhelm so überzeugt, dass er unter Tränen erkannte, dass diese Welt ein reiner Zufall war, der sich wieder in ein Nichts auflösen würde. Körper und Seele waren eins und somit entweder lebendig oder tot. Und dann entdeckte dieser junge Wilhelm in dieser Lehre seine große Beruhigung: »Wenn das so ist, dann brauche ich den Tod ja überhaupt nicht zu fürchten. Dann ist Totsein ganz einfach, ganz leicht, ganz ruhig und schmerzfrei, weil da nichts ist.«

Ich weiß noch, damals sagte ich zu ihm: »Opa, falls du aber unrecht hast und deine Seele doch weiterexistiert, würdest du mir dann ein Zeichen geben aus der Anderswelt, wenn es geht?«

Er lachte, hob sein Glas und sagte mit hochgezogenen Augenbrauen: »Jau, min Jung, dat mok wi!«

Ein halbes Jahr später war ich wieder mit OW zusammen, und vor meiner Videokamera sprachen wir zum zweiten Mal über seine wichtigsten Lebenserfahrungen. Er erzählte mir, das Wichtigste überhaupt sei, sein ganzes Leben lang zu lernen. Ich fragte ihn deshalb, ob er denn immer noch lerne, und er sagte zu mir: »Nein, jetzt nicht mehr. Ich kann kaum noch was sehen, und hören geht nur noch mit einem Ohr. Nee, ich warte jetzt nur noch auf ein ruhiges Ende.«

Das war geradeaus und vielleicht deshalb etwas schockierend für mich. Und wohl, um mich selbst zu fangen, fragte ich ihn: »Was war denn für dich das Wichtigste, was du gelernt hast?«

Da sah er mich an, hustete in seine geballte Hand, und als er wieder atmen konnte, sagte er wieder ganz deutlich: »Ja, weißt du, das hat mit diesem Dr. Abrams zu tun. Ich hab dir doch von dem erzählt?«

Ich nickte, und er sprach wieder über seine Begegnung mit Albert Abrams.

»Ich hatte ja man in Verdun eine Splittergranate abgekriegt, und diese verdammten Nägel steckten mir überall im Fleisch. Ich kann dir sagen, es gibt Angenehmeres. Ich bin dann im Lazarett in Frankreich operiert worden, jedenfalls so grob. Einige Nägelteile haben die aber dringelassen, besonders im Arm. Das hat mir schwer zu schaffen gemacht. Ich konnte gar nichts mehr richtig heben. Damals gab es sogenannte Splitterbomben, die sollten den Feind handlungsunfähig machen, aber nicht umbringen, nicht wahr. Ja, und da hat man Gusseisensplitter in die Bomben gefüllt. Ich kann dir sagen, solche langen ›Eisennägel‹«, und er zeigte dabei mit Daumen und Zeigefinger etwa fünf Zentimeter. Gleich musste ich an die Menschenrechtskommission und Amnesty International denken. Und als ich ihm das sagte, da lachte er und sagte:»Das gab's doch alles gar nicht. Die waren doch froh über solche guten Erfindungen. Das war doch endlich ein humaner Krieg!«

Dabei zeigte er sich einen Vogel und grinste in tiefer Verachtung und Ironie über diese»humane Erfindung«. Dann hob er mir sein Glas entgegen und lachte mich an:»Aber du siehst, ein Glas Wein kann ich noch heben. Prost, min Jung!«

Einen Moment später nahm er dann wieder eine ganz gefasste Haltung an und gab mir eine Antwort auf meine Frage, welchen Rat er mir wohl für meine Zukunft geben könnte.

»Peider«, sagte er zu mir,»wenn du wirklich wissen willst, was der beste Rat für dich ist, dann geh mal in die Eremitage. Weißt du, was das heißt? Nur du, kein Fernseher, kein Besucher, keine Zeitung, nur du!«

»Und wie lange?«, fragte ich ihn.

»Na, vier Wochen musst du schon durchhalten. Ein bisschen länger wäre noch besser.«

Komisch, dachte ich damals, ziemlich weltfremd, ich hab doch eine Frau und zwei Kinder und meinen Beruf als freier Unternehmensberater.

Aber er blieb dabei, einen anderen Rat gab mir OW nicht.

SOLDATEN IN DER GLÜCKSARMEE

Im ersten Weltkrieg hatten sich zwei alte Schulfreunde zufällig auf dem Schlachtfeld von Verdun wiedergetroffen. Der eine hieß Gustav und war Militärkraftfahrer, der andere hieß Wilhelm, und der war Fernmelder.

Auch später bei einer Firma in der Heimat, die Gabelstapler baute, sollten sie sich wiedertreffen, aber das wussten sie natürlich nicht zu Kriegszeiten in Frankreich.

In dieser Nacht in Verdun war es ruhig, und Gustav und Wilhelm hatten ein Päckchen Juno filterlose Zigaretten und eine Flasche Chablis beiseitegeschafft. Gustav stützte sein Kinn auf den Rand des Schützengrabens und schaute unter seinem Stahlhelm rüber zur Feindesfront. Wilhelm saß unten an die Lehmwand angelehnt auf seinem Helm und rauchte mit tiefen Zügen in die Lunge.

»Und? Was siehste?«, fragte er Gustav nach oben.

»Ich seh die Seelen schweben von Rudi und Heinz und von Egon.« Wilhelm boxte seinem Kameraden Gustav ans Bein und sagte: »Gib mir mal die Buddel, ich glaub, du hast genug.«

»Nee, wirklich«, sagte Gustav, und dann ging er in die Knie und setzte sich zu seinem Freund Wilhelm. »Grad hab ich mir vorgestellt, wo die Seelen von unseren Jungs jetzt wohl sind. Gestern war'n die ja alle noch hier. Und jetzt ...?«

»Und?«, provozierte Wilhelm ihn ein bisschen, »weißt du's?«

Aber ohne direkt auf diesen Dialog einzugehen, erzählte Gustav von seiner Vision, die ihn soeben beseelte. »Wilhelm, stell dir mal vor, dass durch eine Laune der Natur einer von den Dreien nur als Körper gestorben ist, aber sein Geist weiterlebt und sich schon einen neuen Körper gesucht hat. Weißt du, was das bedeuten würde? Das wäre Seelenwanderung. Und jetzt stell dir vor, dass der sein ganzes Wissen, seinen ganzen Intellekt, seine ganzen Erfahrungen mit in diesen neuen Körper bringen würde. Sag mal nix! Stell dir das nur mal so vor. Der wäre also jetzt als Säugling schon so schlau wie zu dem Zeitpunkt, als er gestorben ist. Verstehst du?«

Wilhelm kannte das schon, immer reizte Gustav ihn durch solche überkandidelten Gedanken so lange, bis sie sich stritten. Aber komisch, diesmal war das anders. Wilhelm fand den Gedanken höchst interessant. Schließlich konnte er ja selbst ... morgen schon ...

Auf einmal war Wilhelm ganz engagiert in diesen Gedankengängen und fing an zu kombinieren: »Du glaubst doch nicht, dass der dann noch mal zur Armee ginge, oder?«

Und dann gingen die Gedankenpferde vollends mit Wilhelm und Gustav durch.

»Es gibt doch nichts, was es nicht gibt. Diese Seele hätte ja nichts vergessen, wüsste alles wie vorher und finge von da an zu lernen. Den kriegte keiner mehr dazu, sich fürs Vaterland zu opfern! Der wäre als Baby schon schlauer als du und ich zusammen!«

Und dann übertrumpften Wilhelm und Gustav sich gegenseitig.

»Hör mal«, sagte Gustav, »der hätte zwar eine engelklare Baby-stimme, aber der könnte gleich Englisch und wüsste auch, wie ein schwerer Mörser funktioniert.«

Und Wilhelm sagte ironisch: »Der könnte von Anfang an klare Anweisungen geben, wie die seine Windeln wickeln sollen. Und der würde alles verstehen. Mensch, der würde sich nicht mehr für doof verkaufen lassen!«

Und dann fiel Gustav ein, dass so jemand vom Intellekt her mit fünf Jahren schon Hauptmann in der Armee sein könnte, und er stellte sich vor, wie der ihm befehlen würde.

»Soll ich dir mal was sagen?«, und jetzt fiel es Wilhelm wie Schuppen von den Augen. »Der hätte eine ganz andere Qualität in sei-ner Denke. Der würde wissen, dass das hier echt scheiße ist! Der würde wissen, dass eine bestimmte Masse Leute einfach Kano-nenfutter sein muss, aber er selbst würde niemals dazugehören. Der wäre gar nicht in der Armee!«

Gustav fragte augenblicklich, was zu fragen war, nämlich, was der stattdessen tun würde. Und Wilhelm hatte in diesem Moment auch die Antwort, …

… aber noch ehe er dazu kam, sie zu geben, schlugen tausend kleine Bombensplitter auf die beiden ein. Eine Handvoll davon verletzte Wilhelm schwer.

VON DER EFFEKTIVSTEN ÜBUNG IN OWs LEBEN

Wir saßen wieder an dem runden Esstisch mit der von Oma Toni, seinem Tonerle, gehäkelten runden Tischdecke. OW hatte einen erneuten Hustenanfall, trank dann einen sehr kleinen Schluck von dem Wein und machte eine große Redepause. Er sah deutlich schwächer aus, als bei unserem ersten Interview vor sechs Monaten, als ob die Zeit auf einmal viel schneller vergangen und er um Jahre schwächer geworden wäre.

Dann war er wieder bei sich und sagte: »Dieser Dr. Abrams, der hat mir damals im Krankenhaus durch Zufall seine Glücksübung gezeigt, die mich an das elektronische Gesundheitsfeld anschließen sollte. Tja, ich hab das probiert, und es war fantastisch. Ich fühlte mich gleich viel besser, und deswegen hab ich die Übung dann jeden Tag gemacht, und nach zehn Monaten war ich quasi wieder gesund. Das war eine der wichtigsten Lektionen für mein Leben, weil ich dadurch wieder ganz Mensch werden konnte, verstehst du?«

Ich war erstaunt, und natürlich lag die Frage nahe: »Was denn für eine Übung?«

So erfuhr ich von OW die effektivste Übung seines Lebens, und das war sein geheimes Wissen – diese Übung!

»Min Peida«, sagte er dann, »die Übung sollst du kennen, damit du sie machen kannst, und dann wirst du auch mindestens einundneunzig Jahre alt und bleibst gesund, so wie ich, auch wenn du mal eine rauchst oder einen trinkst.«

Ich stutzte und fragte ihn:»Aber du bist doch zweiundneunzig?«
Er grinste und antwortete:»Ja, schon, aber bis vor einem Jahr war
ich noch ziemlich in Schuss. Jetzt ist der Lack ab!«

Ohne weitere Worte krabbelte OW ganz langsam hinter seinem
Tisch hervor, bis er mitten im Wohnzimmer stand. Dann sagte er:
»Nu pass man auf, ich mach sie dir mal langsam vor.«
Und was ich dann sah ... Wow! ... Die Glücksübung!

Er konzentrierte sich kurz, indem er die Augen schloss, dann öff-
nete er die Augen wieder und verbeugte sich leicht vor mir.
Dann fing er an.
Er stellte seine Füße nebeneinander, und dabei machten seine
Hände eine harmonische Bewegung von der Hüfte aufwärts, als
wollte er Wasser schöpfen. Das imaginäre Wasser in den hohlen
Händen nach oben führend, zeigte er dann mit der rechten Hand
und mit gestrecktem Zeigefinger nach vorne und bewegte sich dabei langsam einen Schritt vorwärts.
Als sein Arm dann ganz lang nach vorne ausgestreckt war, senkte
er sein gesamtes Körpergewicht langsam etwas in die Knie und
führte jetzt seinen langen Arm wieder zurück in die Beugehal-
tung vor dem Körper.
Nun kamen beide Hände aus der Mitte mit offenen Handflächen
nach oben, gerade so, als würde er mir ein Paket überreichen.
Dann gingen seine beiden Hände in Zeitlupe nach vorne schräg

unten, und dann geschah ein mittleres Wunder: Aus dieser Haltung heraus machte er mit der rechten Hand genau die Bewegung, die ich bei katholischen Segnungen gesehen hatte.

OW, der Monist, machte diese Bewegung! Zum Schluss schien es so, als würde er mit beiden Händen übereinander einen Ball sanft nach unten drücken.

Diesen Bewegungsablauf wiederholte er drei Mal hintereinander nach vorne und dazu drei Mal identisch rückwärts nach hinten, bis in die Ausgangsposition.

Dann verbeugte er sich wieder vor mir und sagte:»So, nu wart mal, damit ich dir das erkläre. Du musst nämlich wissen, was du tust.«

Und obwohl er die Übung sehr langsam ausgeführt hatte, war er jetzt, nachdem er sich wieder auf sein Sofa gesetzt hatte, ganz schön außer Atem. Ich applaudierte ein wenig, um damit meine Bewunderung auszudrücken. Ich sagte ihm, wie erstaunt ich doch sei, weil ich überhaupt nicht gewusst hatte, dass mein Opa so sportlich war.

Seine ganze Bewegung, sein Ausdruck, bis hin zu seinem deutlich vernehmbaren Atem, hatten Ästhetik. Es war mir während seiner Vorführung eine leichte Gänsehaut über den Rücken gelaufen, aber das erzählte ich ihm damals nicht.

Er aber sagte:»Das ist keine sportliche Übung, das ist Ausdruck einer Geisteshaltung, also eher eine Philosophie. Wenn du diese

Übung zwanzig Jahre lang jeden Tag machst, dann kannst du jeden Tag ein Stückchen besser werden.«

»Wie oft hast du das denn geübt?«, fragte ich ihn, und er sagte: »Das hab ich über sechzig Jahre lang gemacht, jeden Tag, wie Zähneputzen. Das hat mir letztendlich damals geholfen, den Frontkrieg, das Lazarett und die Gefangenschaft zu überstehen. Glaub mir, sonst wäre ich verloren gewesen.«

Warum und wann er denn damit aufgehört hatte, wollte ich wissen, und er sagte nur: »Das verstehst du, wenn deine Frau vor dir stirbt und du alt genug geworden bist.«

Diplomatie war nicht gerade seine Stärke, noch nicht einmal sich selbst gegenüber.

Gerade angelte er mit dem kleinen Finger seiner linken Hand ein Stückchen Kork aus seinem Weinglas, als er leise weitersprach: »So, denn will ich dir das ja man erklären. Nu pass mal auf!«
Dann leckte er sich den kleinen Finger ab und spuckte sehr vornehm den Krümel Kork in Richtung Teppich.

Ich hörte ihm gespannt zu, das alles schien mir mit jedem seiner Sätze interessanter zu werden. Er sprach ganz ruhig und sehr deutlich in bestem Hochdeutsch: »Im Grunde genommen findest du in diesem Übungsablauf die vier Pfeiler der tiefen Erkenntnis des Glücks. Nun pass mal auf, min Peida:

Der erste Pfeiler der Erkenntnis des Glücks ist ›das Gegensätzliche‹. Das Kommen und Gehen, das Auf und Ab, die Gezeiten, das Ein- und Ausatmen: alles hat ein Gegenteil. Hier in der Bewegung ist das die Vorstellung, dass du den Planeten Erde in deinen Händen trägst, ganz vorsichtig. Du hebst die Erde hoch, und du geleitest sie schützend an den geeigneten Platz im Universum. Und der liegt genau vor deiner eigenen Mitte.

Der zweite Pfeiler der Erkenntnis des Glücks ist ›die Schwingung‹. Das ist die alles durchdringende Kraft, die ohne Anfang und ohne Ende immer da war und immer da sein wird. Das ist hier in der Bewegung die Vorstellung, dass dein Finger deine Botschaft unendlich weit abstrahlt. Du schickst also Energie, die in dir ist, auf eine endlose Reise und nährst diese Kraft aus deiner eigenen Quelle, die dadurch aber nicht weniger wird. Es ist sogar so, dass, je mehr Energie du gibst, desto mehr Energie du zur Verfügung hast.

Der dritte Pfeiler der Erkenntnis des Glücks ist ›die Heiterkeit‹. Das bedeutet, dass alles, was ist, gut ist. Vielleicht gefällt es dir oder anderen Leuten nicht, aber es ist trotzdem gut. Natürlich ist das erst einmal schwer einzusehen. Aber die Welt als Ganzes funktioniert perfekt, oder? Du brauchst sie dir nur einmal aus dem All, aus 100 km Entfernung, anzugucken. Dieses Zusammenspiel der Kräfte und des Geschehens ist deshalb existenzfähig, weil eben alles so ist, wie es sein muss. In der Bewegung wird das ausgedrückt durch die Vorstellung, etwas zu zerstören, weil gerade die Zerstörung neues Wachstum erst ermöglicht. Poetisch könnte man sagen, dass jedem Ende ein neuer Anfang innewohnt.

Der vierte Pfeiler der Erkenntnis des Glücks ist ›die Einheit‹. Das ist die Überwindung des Zweifels. Da steckt ja schon das Wort ›zwei‹ drin. Die Einheit ist die letztendliche Verschmelzung mit dem Ganzen, mit dem Einen, das ist die Wirklichkeit. In der Bewegung wird das ausgedrückt durch die Vorstellung einer linken und einer rechten Ebene, die beide dieselbe Quelle haben, und das ist die reine, klare Quelle, aus der die Wasser des Lebens ebenso wie die Wasser des Todes entspringen.

Tja, min Jung, es ist wunderbar, dass du mich danach gefragt hast.«

Als ich mir den Film später anschaute, sah ich, dass ich meinen Großvater fast ungläubig staunend angestarrt hatte, der mir da gerade einen Philosophiekursus gegeben hatte.
»Ganz schön schwierig, aber genial!«, war damals das Erste gewesen, was mir dazu einfiel.

GERADE LEICHTE ÜBUNGEN CELEBRIERE KONZENTRIERT

»Ja, stimmt«, sagte OW, »siehst du, und das ist der Grund, aus dem du das, was du erst einmal nicht denken kannst, einfach tun solltest. Wie der Tanz der Derwische oder die Zen-Übung ist auch diese Übung ein Weg zu großem Verständnis. Nur gehen musst du ihn tatsächlich selber. Probier das mal. Mach die Übung mal, bis wir uns nächstes Mal treffen. Dann weißt du, was ich meine. Du hast das ja gefilmt. Prost, min Jung!«

Wieso, weiß ich nicht, aber ich nickte und sagte Okay. Niemals zuvor hatte ich getanzt wie ein Derwisch oder mich als Schattenboxer versucht oder eine Zen-Übung gemacht oder mich bewusst in Zeitlupe bewegt.

Aber ich sagte Ja.

Dann sagte OW den merkwürdigsten Satz zu alledem. Dieser letzte Satz war so würdig, gemerkt zu werden, dass ich ihn nie mehr loswurde. Erst viel viel später merkte ich, warum.

Er hob erneut sein Glas, hielt es mir entgegen und sagte: »Gerade leichte Übungen celebriere konzentriert!«

OW ist zwei Wochen später gestorben.

»Mach die Übung mal, bis wir uns nächstes Mal treffen, dann weißt du, was ich meine. Gerade leichte Übungen celebriere konzentriert!«

Zum Wohl, OW, andere trauern um dich, ich stoße auf dich an und celebriere diese Übung, bis wir uns wiedertreffen …

Hast du, werter Leser, schon gemerkt, was er meinte? Lies seinen letzten Satz ruhig noch einmal, du erkennst es vielleicht schneller, als ich es tat!

DER VOLLE KLANG DER VIERFACHEN WEISHEIT

Aus dem Nachlass meines Großvaters bekam ich auf Wunsch die alte Uhr, die, solange ich denken kann, auf seinem Wohnzimmerschrank gestanden hatte. Er nannte sie »Big Ben«, wegen des gewaltigen Klangs ihrer Stundenglocken.

An dem Abend, an dem er mir die große Übung vorführte, schlug »Big Ben« zum letzten Mal, und ich vergesse nie, wie er dazu sagte: »Das ist der volle Klang der vierfachen Weisheit.«

Als ich ihn fragte, wie er das nun wieder meine, sagte er: »Das ist der Klang zur Übung.«

Heute weiß ich mehr dazu. Die Uhr hatte mein Großvater im Dezember 1954 gekauft. Sie schlug 32 Jahre lang ihren Klang der vierfachen Weisheit, und er machte seine Übung dazu.

Bei mir zu Hause funktionierte diese Uhr nicht mehr. Ich untersuchte das Innere ihres mechanischen Räderwerkes und entdeckte vier Klangstäbe, die mit dem hölzernen Gehäuse verbunden waren. Seit ich im Besitz dieser Uhr war, begann meine Suche nach der Bedeutung der vier Aspekte der vierfachen Weisheit. Finden sollte ich die Antwort darauf erst einige Jahre später, durch meine Begegnung mit dem Zen-Lehrer Ikedo Yoshimasa.

Irgendwie schließt sich hier ein Kreis, denn im Unterbewusstsein blieb mir wohl OWs Hinweis, einen weisen Rat für mein Leben zu finden, in Erinnerung. Wie hatte er gesagt? »Geh mal in die Eremitage, vier Wochen wären gut, länger wäre besser.«

DIE ÜBUNG

JO – RAKU – GA – JU

- **Zustand:** unbewusst inkompetent
- Koordination des Bewegungsablaufes
- Erkenntnis des Zusammenhangs von Geist und Körper
- Einführung in die Atemtechnik und die Steuerung der Konzentrationsenergie Chi
- **Motto:** Der Geist kontrolliert den Körper.

II. DAS GLÜCK AUS DER ERFAHRUNG DES ÜBUNGSWEGES

DAS WELTALL HAT KEIN GEGENTEIL

Vier Jahre später folgte ich OWs Rat und ging in die Eremitage. Im Alter von 40 Jahren lebte ich drei Jahre allein in einem Waldhaus im Teufelsmoor von Worpswede. Dort hatte ich keinen Fernseher und keine Zeitungen, wie OW es empfohlen hatte. Die Zeit, die ich dort verbrachte, war ausgefüllt mit etwas Bewegung, viel Schreiben und regelmäßiger Meditation.

Obwohl ich mich dort in mancher Nacht sehr einsam fühlte, weiß ich heute, dass es eine wertvolle Zeit für meine persönliche Entwicklung gewesen ist. In dieser Zeit entstanden meine ersten Bücher und Kassettenprogramme mit Geschichten für Manager. In dieser Zeit schwebte aber auch eine schwarze Wolke der Schwermut durch meine Seele, und ich hatte meinen ersten Nervenzusammenbruch.

Hier lernte ich einen Psychotherapeuten näher kennen, der mich das eine oder andere Mal besuchte, um mit mir bei einer Tasse Tee am Kamin zu plaudern. Er hieß Hubert Brintrup. Hubert war ein großer Mann mit einem unvergleichlichen Lachen und unglaublich kreativen Ideen. Mit Hubert habe ich im Laufe der Zeit mehr als zehn Seminare gemeinsam geleitet. Wir ergänzten uns dabei gemäß unserem Naturell wie zwei Zahnräder in einem Getriebe. Während Hubert in Seminaren immer ruhig und geduldig auftrat, war ich mehr der Dynamiker als Moderator vor der Gruppe. Ich werde Hubert in angenehmster Erinnerung in meinem Herzgeist bewahren, nachdem er sich mit 42 Jahren aus diesem Leben verabschiedet und den Freitod gewählt hatte.

Aus seinem Abschiedsbrief weiß ich, dass seine melancholische Schwermut ihn zu diesem Schritt brachte. Hubert ist es aber auch gewesen, der mich eines Tages mit einem Zen-Mönch namens Ikedo Yoshimasa bekannt machte. Das war sein Mönchsname. Ikedo Yoshimasa fiel mir auf, weil er genau das tat, was er sagte, und nur das sagte, was er auch tat. So etwas hatte ich bis dahin noch bei keinem Menschen beobachtet. Leider auch nicht bei mir selbst. Einmal hatte ich Gelegenheit, zusammen mit Ikedo Yoshimasa und anderen Zen-Leuten auf einem Segelschiff auf der Ostsee zu meditieren. Wohlweislich hatte der Skipper, Willi Wende, seine Einladung auf das Schiff so gelegt, dass wir in der ersten Nacht während der Meditation bei Vollmond an Deck saßen.

Am nächsten Morgen bekam ich eine Kalligrafie von Ikedo Yoshimasa geschenkt:

Schöpfe Meerwasser,
der Mond in deinen Händen
Licht in deinem Geist.

In diesen Sätzen, wir würden sie einen Aphorismus nennen, lag das ganze Universum. Ein Zen-Mensch nennt das ein »Haiku«. Dieses erste Haiku war für mich so etwas wie das Tor zu einer völlig neuen Begegnung. Hier begegneten sich in mir zum ersten Mal ostasiatische Weisheit und westliche Erkenntnis. Später nannten wir das »East meets West«.

So war es für mich Hubert Brintrup, der mich mit einem Repräsentanten des Zen in Kontakt brachte. Das Interessante daran ist, dass Hubert niemals zuvor von diesem Zen-Mönch gesprochen hatte. Noch nicht einmal angedeutet oder erwähnt hatte er jemals seine persönliche Bekanntschaft mit diesem Ikedo Yoshimasa. Bis zu diesem Tag, als wir zusammen in der Eremitage in Worpswede vor dem Kamin saßen und ich zu ihm sagte: »Du, Hubert, ich habe jetzt genug Bücher gelesen über Esoterik, über Philosophie, über Geheimlehren, über Zen – ich glaube, es ist Zeit, dass ich vom Lesen zur Tat finde. Kennst Du nicht einen Zen-Lehrer, mit dem ich einmal direkt sprechen könnte?«

Hubert lachte, legte mir seine riesengroße Hand auf die Schulter und sagte: »Du, das muss wie ein Magnet sein. Du musst es wollen. Du musst danach fragen. Es muss einfach fällig sein – dann fällt es dir zu!«

Dann schrieb Hubert mir eine Telefonnummer auf, lachte und war sich absolut sicher: »Du wirst noch mal eine Menge dazulernen.«

In diesem Moment erinnerte ich mich an die Worte meines Großvaters OW, als ich ihn nach seinem Rat fragte, bevor er sterben wollte.

»Das ganze Leben lang lernen, das ist das Wichtigste. Geh mal in die Eremitage, wenn du den besten Rat für dich finden willst.«

Und wieder fragte ich diese Frage, diesmal an Hubert: »Was hast du denn von diesem Zen-Mönch gelernt?«

Hubert stand auf, ging zum Kamin und schrieb mit dem Zeigefinger auf das verstaubte Blech des Kaminabzugs diesen Satz:

Das Weltall hat kein Gegenteil.

Und weil ich in diesem Kaminzimmer erstens niemals Spinnen oder deren Netze entfernte und zweitens auch nicht Staub wischte, hatte ich erstens tausend herrliche Spinnweben vor den Fenstern und zweitens von diesem Tag an immer diesen Satz vor Augen: »Das Weltall hat kein Gegenteil.«

Die Telefonnummer, die Hubert mir gegeben hatte, führte mich einige Tage später zu Ikedo Yoshimasa. Wir trafen uns an einem sonnigen Frühlingstag in einem Straßencafé in Bremen. Dass dieses Restaurant »Café Engel« hieß, dürfte wohl nur für abgedriftete Esoteriker bedeutungsvoll sein. Für mich war das eine sehr ungewöhnliche Begegnung. Da saßen wir mitten im Gewühl einer lebendigen Großstadt und tranken Kakao.

Ich fragte ihn: »Was ist eigentlich Zen?«

Ikedo Yoshimasa blieb der Kakao als dicker Halbmond an seiner Oberlippe kleben, als er mich erstaunt und für einen Moment irritiert ansah. Er vergaß tatsächlich, den Kakao abzulecken, und sagte mit Kakaohalbmondmund: »Zen ist sitzen, oder?«

Ich war ganz locker und ergänzte: »Ja, natürlich, aber was noch?«
Jetzt wischte er sich den Kakaohalbmond mit der Hand weg und
sagte sehr wohlwollend: »Komm doch mal zum Sesshin. Da findest du bestimmt eine Antwort. Ich kann dir das gar nicht richtig
erklären.«

Ein Sesshin ist ein Wochenendtraining. In meiner Eremitage in
Worpswede war diese Einladung ein wunderbares Angebot für
meinen weiteren Weg. Das spürte ich augenblicklich und nahm
die Einladung zu diesem Zen-Sesshin sehr gern an. Heute weiß
ich, dass dieses Sesshin auch Friedensarbeit war, denn sehr früh
an diesem Morgen, als ich von Worpswede losfahren wollte, läu-
teten alle Kirchenglocken und heulten sämtliche Sirenen los. Ein
unglaubliches Szenario, das ich bis dahin noch niemals erlebt hatte.
Dieser frühe Morgen war der Beginn des »Golfkriegs«, als die
USA die ersten Bomber gegen den Irak einsetzten. Es war der 17.
Januar 1991, 6 Uhr morgens.

Ich fuhr zu einem alten Zen-Zentrum in Roseburg bei Hamburg,
in dem seit 30 Jahren meditiert wurde. Dort, bei diesem Sesshin,
begegneten mir auch mein späterer Zen-Lehrer Rei Shin Bigan
Roshi und mein späterer Geistesfreund, der Budo-Meister Wolf-
Dieter Wichmann.

EIN TEISHO VON IKEDO YOSHIMASA

Während dieses Sesshins (auf Deutsch: »von Herz zu Herz«) hörten wir ein Teisho. Das ist ein Vortrag eines Zen-Lehrers, also eines Weggefährten, der über einen Teil seines Zen-Weges spricht. Ein Teisho hat eine besondere Qualität dadurch, dass die Schüler sehr achtsam auf den Inhalt konzentriert bleiben, während der Lehrer spricht. Man sitzt aufrecht auf seinem Meditationskissen, Nase und Nabel senkrecht übereinander, Augen wach, Atmung im Hara, und lauscht mit dem Herzen.

Auf einem bescheidenen Holztischchen stand eine Blume und eine kleine Buddha-Statue. Dahinter saß aufrecht und ganz freundlich Ikedo Yoshimasa im Lotossitz.

Er lachte in die Runde und sprach: »Medi bedeutet Mitte. So ist ein Medi-ziner bemüht, mit der richtigen Medi-zin die Mitte seines Patienten wiederherzustellen. Medi-tation ist eine altüberlieferte Übung, um die eigene Mitte zu finden. Was ist das nun für eine Mitte? Nun, es ist die Mitte zwischen Vergangenheit und Zukunft. Da ist der Augenblick! Dieser Augenblick! Wie lange dauert so ein Augenblick?

Eine tausendstel Sekunde? Oder noch weniger? Nein, ein Augenblick hat keine Zeit. Im Augenblick zieht sich die Dimension der Zeit auf null zusammen. Er ist ein Ausdruck der Zeitlosigkeit. Es ist das hier und jetzt!«

»Pengggg!!!«

In diesem Moment hatte Ikedo Yoshimasa mit dem Keisaku – das ist der flache Weckstab aus Holz – kräftig auf den Boden geschlagen. Ich glaube, alle zuckten zusammen, nicht nur ich. Und mir war sofort klar, dass jeder, der jetzt erschrocken reagiert hatte, mit seinen Gedanken irgendwo gewesen war ... nur nicht in diesem Augenblick; denn wie sollte man sich erschrecken, wäre man da, wo der Knall ist?

Ikedo sprach ohne besondere Reaktion unverändert freundlich weiter: »Machen wir die Gegenprobe zum Augenblick, wie lange dauert die Ewigkeit? Tausend Jahre, eine Million Jahre? Nein, Ewigkeit hat keine Zeit, sie ist ein Ausdruck der Zeitlosigkeit. Wenn das stimmt, dann müssten Augenblick und Ewigkeit also das Gleiche bezeichnen. Dann wären Vergangenheit und Zukunft, da, wo sie sich treffen, dasselbe. Kein Unterschied. Und so ist es, prüfen wir das.

Wo ist die Vergangenheit? Antwort: in der eigenen Fantasie, sonst nirgends. Wo ist die Zukunft? Antwort: in den eigenen Gedanken, sonst nirgends. Vergangenheit und Zukunft sind wahrhaftig nichts weiter als Produkte des eigenen Denkens. Damit sind Vergangenheit und Zukunft gleich.

Das zu erkennen, ist aber gar nicht so einfach, denn unsere Wahrnehmungskanäle benötigen einige Zeit, um wahrgenommene Reize durch die Nervenbahnen ans Gehirn zu leiten, wo sie nach strengen Kriterien der Logik erst bewertet und dann bewusst werden. Egal, ob wir etwas sehen, hören, riechen, schmecken oder fühlen, es braucht Zeit zwischen dem Dasein und dem Bewusstwerden. Was heißt das für uns? Das bedeutet, wir kennen diese Welt nur aus der Konserve. Noch nie haben wir diese Welt in dem Moment wahrgenommen, in dem sie auch da war – nämlich JETZT!«

»Pengggg!!!«

Und wieder krachte es laut, als Ikedo mit dem Keisaku auf den Boden schlug.

»Alles, was wir je wahrgenommen haben, ist vorbei gewesen, als wir es bemerkten. Nun könnte man natürlich sagen: Aber das ist doch nur der Bruchteil einer Sekunde! Gut, aber gerade dieser kleine Bruchteil, Wissenschaftler haben gemessen, dass er eine einundzwanzigtausendstel Sekunde dauert, dieser kleine Bruchteil erzeugt in uns den Eindruck, es gebe Subjekt und Objekt. Hier bin ich – da ist die Welt. Das täuscht! In Wirklichkeit ist alles im selben Moment so, wie es ist.

Alles ist augenblicklich hier und jetzt, also zeitlos, also ewig. Wäre da nicht die Trägheit des Wahrnehmenden, hätten wir keine Täuschung mehr. So nannten die Wissenden die Welt seit jeher ›Maya‹, das bedeutet Täuschung.

Diesen kleinen Versatz zu überwinden, das ist ein Ziel aller Übung. Eins werden mit dem, was ist. Der Ewigkeit gewahr werden. Es gibt einen Weg, der dahin führt. Diesen Weg erkennen und ihn gehen, darum geht es!«

Er legte den Keisaku sanft in seine beiden offenen Hände, stand auf, verbeugte sich und ging hinaus.

DIE GANS IST DRAUSSEN!

Seit meinem ersten Sesshin in Roseburg ging ich öfter früh morgens zum Morgensitzen ins Atrium in Bremen, wo die Zen-Mönche und Zen-Meister abwechselnd Übungsrituale leiteten. Von diesem Zen-Kreis wurden auch weitere Sesshins angeboten, die in geeigneten Zendos (Übungshallen) stattfanden. Einmal hatte ich mich auf einem dieser Sesshins wieder auf die geistige Auseinandersetzung mit dem Zen-Lehrer einzulassen. Der Lehrer hatte mir Wochen vorher ein Koan gegeben, das ist ein Paradoxon, das meditativ zu lösen ist. Der normale Zen-Schüler wird es zuerst mit dem Verstand lösen wollen, jedoch daran scheitern, weil die Lösung nur in Meditation zu erkennen ist.

Mein Koan hieß: »Ein Gänseei wird in eine enghalsige Flasche gelegt und dort sanft ausgebrütet. So wächst in dieser Flasche ein Küken heran, das liebevoll gefüttert und auch versorgt wird. Einige Zeit später ist aus dem Küken eine Gans geworden, die kaum noch in dieser Flasche Platz findet. Wie kommt diese Gans aus der Flasche, ohne dass Flasche oder Gans Schaden nehmen?«

Die Lösung dieser Aufgabe springt dich an ... oder nichts passiert. Denken ist sinnlos. Eine einzige Tatsache bringt die totale Freiheit für die Gans und für dich! Dann ist die Gans draußen! Du hast endlich Freiheit erlangt.

Eine Erkenntnis wurde in den Text dieses Buches gelegt und dort sanft ausgebrütet. So wächst in diesem Buch eine Vision heran, die liebevoll genährt und auch potenziert wird. Einige Zeit später ist aus der Erkenntnis eine Lebenshaltung geworden, die kaum noch in diesem Buch Platz findet. Wie kommt diese Erkenntnis aus dem Buch, ohne dass Buch oder Vision beschädigt werden? Die Lösung dieser Aufgabe springt dich an ... oder nichts passiert, wirklich gar nichts!

Denken ist sinnlos. Du kannst dir das Denken schenken. Eine einzige Tatsache bringt die totale Freiheit für die Erkenntnis und für dich.

Du hast längst unbemerkt darüber hinweggelesen!

The goose is out! Willkommen in der Freiheit.

WIE WASSER SEIN

So ein Sesshin hat feste Abläufe. Du sollst wie Wasser sein, du fließt in die vorgegebene Form, füllst sie aus und verlässt sie wieder, ohne daran zu haften. Es wechselt ab zwischen Körper, Geist und Rede. Nach dem Sitzen (Zazen) kommt dynamische Meditation im langsamen Gehen (Kinhin). Dann folgt die geistige Auseinandersetzung (Dokusan) mit dem Koan, also die meditative Befreiung aus polaren Denkmustern, indem eine paradoxe Aufgabe zu lösen ist. Es folgen feinstrukturierte Rituale wie Teezeremonie (Sarei) oder Kalligrafie (Shodo), um dann in meditativer Versenkung eine Arbeit für die Gemeinschaft (Sanga) zu verrichten. Das kann Hausarbeit, Gartenarbeit oder das Auffädeln von Malaperlen sein. Nach solchen Arbeitszeiten oder Essenspausen beginnt Budo (der Körper folgt dem Geist in der Kampfkunst), das kann Kyudo (Bogenschießen), Kendo (Schwertkampf) oder auch das Einüben einer altüberlieferten Bewegungsfolge (Kata) sein.

Dazu hatten wir Wolf-Dieter Wichmann als sehr einfühlsamen Budo-Lehrer, der uns mit einer historisch überlieferten Atem-Kata bekannt machte.

Und es kam das Unglaubliche, das Niedagewesene, das Sichfügende, die Lawine aufwärts, es kam: die Glücksübung von OW! Sie wurde uns von unserem Budo-Meister (der den 7. Dan, einen

der geistigen Meistergrade, innehat) anders erklärt, als OW es tat
– aber wow!, es war die Glücks-Kata, die aus vier Übergängen zur
Glücksverwirklichung besteht. Natürlich hat sie bei Kampfkünst-
lern einen anderen Namen (Shi Do), und natürlich sind die Übergänge anders benannt (Jo, Raku, Ga, Ju), aber sie öffnet die vier
Übergänge zum Glück.

»Jo Raku Ga Ju«
steht für
»Ewigkeit, Heiterkeit, Selbstlosigkeit, Reinheit«.

Stellen wir uns zum guten Verständnis einmal das jeweilige Ge-
genteil vor:
Ewigkeit wird zu Endlichkeit.
Heiterkeit wird zu Leidhaftigkeit.
Selbstlosigkeit wird zu Egozentrik.
Reinheit wird zu Befleckung.

Diese dualen Begriffe sollen nicht nur gelesen, sondern auch ver-
standen werden, durchdrungen, transformiert und dazu in einer
körperlichen Übung erfahren werden.
Der Körper folgt dem Geist, der Geist beseelt den Körper – in dieser komplementären Ergänzung entstehen aus dem Zusammenspiel von Psyche und Soma die vier Übergänge zu wahrem Glück.

An dieser Stelle empfiehlt sich das Betrachten des Übungsvideos – nur betrachten, nur Zeuge sein, nur visuell wahrnehmen. Dann, irgendwann, wenn die Zeit für dich reif ist, das muss nicht heute sein, folgen deine vier Stufen der Glücksverwirklichung, unterstützt durch diese Übung.

Kopieren – Kapieren – Kultivieren – Transformieren

Kopieren: Du machst die Bewegungsfolge nach, die dir auf dem Video vom Budo-Meister vorgemacht wird.

Kapieren: Du liest die philosophische Beschreibung der vier Übergänge zum Glück, die hier folgt.

Kultivieren: Du übst die Bewegung zwanzig Jahre lang täglich, um auf deine Art darin täglich ein Stückchen besser zu werden.

Transformieren: Du bringst die Übung als Lehrer in die Welt, indem du auf deine Art auch andere Menschen damit vertraut machst, zu deren Glück. Das ist das Bodhisattva-Prinzip, das aus deinem altruistischen Erleuchtungsgeist entspringt und dem Wohle aller fühlenden Wesen dient.

Immer wieder und wieder
steigst du hernieder
in der Erde wechselnden Schoß,
bis du gelernt, im Licht zu lesen,
dass Leben und Sterben eins gewesen
und alle Zeiten zeitenlos.
Bis sich die mühsame Kette der Dinge
zum immer ruhenden Ringe
in dir sich reiht –
in deinem Willen ist Weltenwille,
Stille ist in dir – Stille –
und Ewigkeit.

Manfred Kyber

WENN EINER LERNT, DANN LERNT EIN JEDER

In Urzeiten des Homo sapiens hatte ein Angehöriger dieser Gattung die Idee, zwei Baumstämme als Rollen zu gebrauchen. So konnte seine Gruppe auf einmal große und sperrige Lasten bewegen. Zur selben Zeit wussten dies andere Angehörige dieser Gattung überall auf der Welt ebenso. Die Quelle einer solchen globalen Entwicklung ist die sogenannte morphische Datenfeldübertragung. In gewissem Sinne ist sie eine automatische Übertragung einer »Blaupause« aus dem Informationsfeld der Welt.

So ist das auch heute: Ein Forscher macht eine völlig neue Entdeckung, und zur selben Zeit ist das Know-how an einem ganz anderen Ort der Erde ebenfalls präsent. Nun ist es trotz dieses Phänomens jedoch so, dass die Erfindung der Baumstammrolle eine ganze Weile in Gebrauch bleibt, ohne dass sich an dieser Technik irgendetwas ändert. Bis eines Tages jemand, inspiriert durch die vorhandene Erkenntnis, die Transportrolle weiterentwickelt und das Rad erfindet!

So ist das auch heute: Da werden Radios so lange mit Röhren bestückt und überall so gebaut, bis der Halbleiter neue Möglichkeiten eröffnet. Und vom selben Tag an wird die Röhre gleichermaßen überall sterben und der Halbleiter sich durchsetzen, bis der Chip die nächste Generation einleitet. Gebaut wird das Rad, das Radio oder was auch immer so lange in dieser »modernsten Weise«, bis wir Menschen daraus den nächsten Entwicklungsschritt ableiten.

Lernt die Gattung Mensch nicht, dann wird weiter so geplant, gebaut, gelebt wie bisher. So lange ist ein Tag wie der andere. Dazu sei uns lernenden Homo sapiens der Film *Und täglich grüßt das Murmeltier* empfohlen.

Sobald wir aber lernen, ist das Morgen ein »neuer Tag«. Und in einem schöpferischen Moment eines Einzelnen kommt die ganze

Welt weiter. So wurde aus dem Rad ein Karren, daraus ein Wagen, daraus eine Maschine, daraus ein mobiler Transportapparat, daraus ein automatisches Mobil, daraus ein Auto, daraus ein Hightech-Produkt, daraus ein Roboter, daraus ... ein wirklich neuer Tag – voller neuer Möglichkeiten.

Wo das hinführt, wissen wir heute: zum Mond, zum Computer, zum durchsichtigen Menschen, zur Atomkernspaltung, zur Digitalisierung, zum Nutzen der Menschheit ...

... zur Zerstörung derselben.

Darum, genau darum, ist es eben von maßgeblicher Bedeutung, was der Einzelne lernt. Denn wenn einer etwas gelernt hat, dann haben alle etwas gelernt.

Dies ist eine Einladung zu kühnem Denken. Nehmen wir an, es gäbe kein einziges Auto mehr auf diesem Planeten. (Das ist ohnehin die unumgängliche Entwicklung hin zu einer besseren Welt.) Stellen wir uns also vor, morgen gehen wir durch die Städte dieser Welt und es ist kein einziges Automobil mehr da.

Frage: Gibt es die Idee des Autos trotzdem?

Anders ausgedrückt: Wenn niemand Tango tanzt – den Tango berührt das nicht! Tango gibt es immer, ewig, zeitlos, und an jedem Platz, der den Tango aufnehmen kann, kann er sich manifestieren. Oder denken wir an Goethe, geboren am 28. August 1749, gestorben am 22. März 1832. Goethe ist zeitlos, lebt heute noch. Goethe ist ewig. Könnte es da nicht sein, dass du selbst, deine Ideen, dein Einsatz und dein Engagement ...?

Wenn man unbekümmert um die Art,
wie man hier vom Schicksal behandelt wird,
nur auf das Ziel sieht, dem man zustrebt,
deswegen Stärke und Selbstverleugnung übt
und wachsame Herrschaft über sich selbst,
dann entsteht daraus die heitere, furchtlose Ruhe,
die, nichts Äußeres bedürfend,
sich wie ein zweiter Himmel,
ein geistiger neben dem körperlichen,
in unbewölkter Bläue über den
so in sich gestimmten Menschen breitet.

Wilhelm von Humboldt

HUMORIS ODER DIE SÄFTE DES DENKENS

Humoris bedeutet »Säfte« und meint den regen Austausch in den Kapillaren des Gehirns. Demnach geht Humor einher mit regen Gedankenprozessen, die zu Kreativität, Musikalität oder hohem Denkvermögen führen. Die Anzahl der Verknüpfungsmöglichkeiten zwischen den Neuronen (Nervenzellen) in der Großhirnrinde des Menschen ist höher als die der Atome im gesamten Universum. Daran können wir erahnen, wie viel ungenutztes Potenzial wir haben, diese »Säfte« mehr in Schwung zu bringen. Die Begegnung mit einem humorvollen Zeitgenossen, der vor geistiger Lebendigkeit sprüht, nötigt uns solche ehrliche Bewunderung ab, dass dessen kreative Intelligenz uns auf anregende Art mitreißt. Solch ein humorvoller Mitschüler auf dem Gymnasium war unser Klassenanführer Martino. Heute weiß ich, der war schlichtweg ein Genie.

Er nannte sich selbst einmal »Alchemist der Technik« und verdiente diese Bezeichnung weiß Gott. Er hatte sich einige Zaubertricks ausgedacht, mit denen er unsere ganze Klasse faszinierte. Er steckte sich eine Stricknadel durch den Arm, ohne zu bluten. Er balancierte einen Besenstiel ohne Berührung aufrecht vor seinen ausgestreckten Armen und gab dem Stiel Befehle, wie der sich bewegen sollte, denen der sogleich exakt folgte. Er konnte Gedanken lesen. So bat er uns, eine Figur auf ein Papier zu malen – und die gleiche, nein, dieselbe Figur war dann auf einem Kaugummipapier zu sehen, das wir selbst auswickelten.

Er war im Armdrücken unbesiegbar. Und das, obwohl seine Arme dünner waren als ein Stuhlbein. Später erfand er Trickinszenierungen für andere. Er nannte sich »Illusions-Designer« und hatte mehr Spaß an der Entwicklung als an der Vorführung des Unglaublichen. Einmal legte er ein Fünfmarkstück auf eine Limoflasche und schlug mit der flachen Hand darauf, und … ganz klar, das Fünfmarkstück war in der Flasche. Wir zerschlugen die Flasche, um ihn zu entlarven. Aber das Fünfmarkstück war echt, jedenfalls konnten wir nicht das Gegenteil beweisen. Einmal verblüffte er mich mit der Behauptung, er könne aus einem Zehnmarkschein, den ich ihm geben sollte, einen Zwanziger machen, den er mir geben würde. Es ist kaum zu glauben, aber ich zögerte sehr. Erst, als er mir versicherte, dass dies auch mit fünfhundert Mark zu tausend Mark ginge, willigte ich ein. Er steckte meinen Zehnmarkschein in einen kleinen schwarzen Kasten, drehte den ein paar Mal und gab mir daraus einen Zwanzigmarkschein zurück. Das Geld war echt!

Ich fragte ihn, ob das nochmals ginge. Na ja, man ahnt es vielleicht – es ging nochmals. Die Kiste habe ich ihm dann für fünfzig Mark abgekauft.

Noch heute beherrsche ich den Trick, er ist gar nicht schwer. Der Kasten hat oben und unten gleiche Deckel, und die Zwanzigmarkscheine sind schon drin, alle echt. Nur gelang es mir nie, die Kiste zu verkaufen.

Ja, er war ein Genie, und er hatte Humor. Es war noch mehr als das – er war im Kern seines Wesens heiter. Sein Lebensmotto formulierte er einmal so: »Das ganze Universum ist ein Witz, und ich bin die Pointe.«

Wir nannten ihn Martino, weil er sich Martino nannte. Ob er wirklich so hieß, war immer unwichtig. Wichtig war, dass Martino uns Mut machte und uns zum Lachen brachte. Er war ein unerschütterliches Vorbild an Gleichmut an allen Tagen, die wir zusammen verbringen durften. Und dann ist Martino gestorben.

Sein Grabstein, den er für sich hatte gestalten lassen, wurde aufgestellt, und es wurden die beiden Kerzen entzündet, die während der Zeremonie brennen sollten, das war sein Wunsch gewesen. Und weiß der Teufel, wie das schon wieder vor sich ging, aber noch während der Grabrede flogen die beiden Kerzen aus ihren Halterungen, und zwei kleine Papierblumen streckten augenblicklich ihre schlanken Stängel samt Blüte geradewegs in die Luft. Lustig sah der Grabstein aus, sonderbar heiter wurde die Szene, und mit Sicherheit lachte die Seele von Martino dazu.

Er war ein Genie, ein wirklicher Magier. Magie heißt »Weisheit«, und so war es wohl die magische Intensität, mit der er uns und die Lehrer beeindruckte. Er spielte in der Schulband den E-Bass, von ihm gemalte Bilder schmückten die Aula, und mit Drogenkonsum kannte er sich auch aus.

Eines seiner Lieder, das er uns auf einer Schulfeier mit der Schulband vortrug, hieß: »There is no way to happiness, happiness is the way« – written and lived by Martino.

Warum eigentlich haben wir eine derartige Angst
vor dem Tod, dass wir uns weigern,
uns überhaupt mit ihm zu befassen?
Irgendwo tief innen wissen wir, dass wir der Begegnung
mit dem Tod nicht ständig ausweichen können.
Wir wissen, um mit Milarepa zu sprechen:
»Dieses Ding, das wir Leichnam nennen
und so sehr fürchten,
lebt mit uns hier und jetzt.«

Sogyal Rinpoche

DIE NACHTMEERFAHRT

Früher dachten die Menschen, die Sonne würde am Abend im
Westen in das Meer abtauchen. Denn genau das war es, was man
sah. Die rote Kugel berührte beobachtbar innerhalb einiger Sekunden den Horizont und tauchte ein ins Meer aus Wasser, Gischt
und Wellen. Und am nächsten Morgen, welch ein großes Glück,
erschien die Sonne, ohne erloschen zu sein, am östlichen Horizont
und erholte sich bis zum Mittag zu ihrer vollen Strahlkraft.
Wie verblendet die Menschen damals waren! Sie wussten es
nicht besser. Sie glaubten damals tatsächlich, das kalte Wasser

des Meeres könnte das Feuer der Sonne löschen. Heute weiß jeder, dass die Sonne nirgends hin versinkt, sondern es die Erde ist, die sich dreht. Man könnte, auf der Erde stehend, den Eindruck gewinnen, die Sonne gehe jeden Tag auf und wieder unter. Aber jedes Kind lernt in der Schule, dass sich unser Planet Erde um sein Zentralgestirn dreht. Die Sonne selbst steht immer still in unserem Sonnensystem. So kommen wir weiter mit unseren Paradigmen. Eingeweihte wussten das schon damals und verkündeten den Mitmenschen, dass die Erde rund sei und sich um das strahlende Zentrum unseres Planetensystems drehe. Man hat sie damals als verblendet geächtet.

Herzlich willkommen in der Gegenwart! Heute sind wir schlauer. Heute denken einige Menschen, die eigene Existenz würde am Lebensabend in die totale Auflösung abtauchen. Denn genau das ist es, was man sieht. Die lebendige Existenz des Individuums berührt beobachtbar innerhalb einiger Sekunden den Horizont des Lebens und taucht ein ins Meer der stofflichen Auflösung, es tut den letzten Atemzug und stirbt. Und am nächsten Morgen, welch ein Unglück, gibt es diesen Menschen nicht mehr.
Wie verblendet die Menschen sind, die so denken! Sie wissen es nicht besser. Sie glauben heute noch, die biologischen Veränderungen im Tode würden die grundlegende Existenz auslöschen. Eingeweihte wissen auch heute, dass es kein eigenständiges Selbst gibt, das unabhängig von allem anderen existiert, und sie wissen,

dass es stattdessen weltenübergreifende Verbindungen gibt, die einander bedingen. Alles bedingt jedes. Es gibt kein unbedingtes Selbst. Wir haben kein eigenständiges Selbst, sind also selbstlos. Alles ist selbstlos, nichts existiert, ohne durch alles andere verursacht zu werden.

Betrachten wir eine Existenz im Bereich der Dinge: einen Bleistift. Die Hülle ist Holz. Ein Baum wuchs dafür, bedingt durch Sonne, Wasser, Erde, Mineralien, Luft. Die Mine ist Graphit. Rußpartikel mussten entstehen, bedingt durch organisches Brennmaterial, Feuer, hohen Druck, eine Maschine. Die Oberfläche ist Farbe. Lack musste verwendet werden, bedingt durch Chemikalien, Knowhow, eine Fabrik, Ingenieure, Handwerker. Die Form ist Design: Dieser eine Bleistift sieht genau so aus, bedingt durch einen Industriedesigner, ein Atelier, eine Hochschule, die ihn ausgebildet hat, Lehrer, die dort unterrichten …
Der Bleistift ist das Netzwerk von allem in der Kette von Ursache und Wirkung. Der Bleistift hat nicht so etwas wie ein eigenes Selbst. Wenn all die Verkettungen so sind, wie sie gerade hier zusammentreffen, dann nennen wir das einen Bleistift.
Sollten wir so auch einen Computer, ein Auto, einen Flaschenöffner betrachten? Betrachten wir lieber eine Existenz im Bereich der fühlenden Wesen: einen Schmetterling.
Sonne, Mond, Sterne, Luft, Wind, Erde, Pflanzen, Mineralien, Tiere, Menschen und der Bleistift, mit dem der Zoodirektor aufge-

schrieben hat, dass man für das Insektarium noch zwanzig Pfauenaugen züchten sollte.

Wozu jetzt noch einen Elefanten oder eine Mücke so betrachten, es ist eben auch da nirgends ein eigenständiges Selbst zu finden.

Betrachten wir lieber die Existenz im Bereich der »Krone der Schöpfung«: einen Menschen. Aber wozu jetzt noch Worte verlieren?

Wir dürfen nicht sagen:
»Ach, ich bin ein so unvollkommenes Geschöpf,
ich kann ja meine Fehler niemals loswerden!«
Du kannst es, Lieber, du kannst es.
Du bist gerade dabei, es zu können.
Jeder Protest deines Ichs gegen Mängel
und Unzulänglichkeiten reißt den Geist vorwärts.
Nur darfst du nicht erwarten, sie alle in einer Stunde,
einem Tage, einer Woche oder einem Jahr loszuwerden.

Prentice Mulford

MIT DEM HERZEN SEHEN

Er hatte ein langes Studium absolviert. Auch später war er an Wörtern, Sätzen, Gedanken, Thesen, Schlussfolgerungen und Erkenntnissen interessiert. Im Laufe der Jahre wurde er sehr belesen, ja, sogar gebildet. Parallel dazu hatte sich die Dioptrienzahl seiner Brille schleichend erhöht. Als sich diese wundersame Geschichte ereignete, waren die Gläser so dick wie der Boden einer Weinflasche: − 8,0 Dioptrien.

Dann ergab es sich durch einen glücklichen Umstand, dass er als Reisender nach Ceylon kam. Seine Freunde spotteten etwas und sagten, er wolle durch diesen Urlaub der Realität entfliehen. Es kam aber tatsächlich unvergleichlich viel besser. Hier die wahre Geschichte einer Wandlung zu Klarblick und Reinheit:

Ein paar Tage nach seiner Ankunft auf Ceylon führte ihn sein Weg tief ins Innere der Insel auf eine Teeplantage. Dort lernte er einen einheimischen Buchhalter kennen, dessen Familie dort seit Generationen auf traditionelle Weise lebte. Der Ablauf seiner Tage wurde einzig vom Lauf der Sonne, der Natur und der Elemente bestimmt. An einem Morgen zeigte der alte Buchhalter ihm bei einem gemeinsamen Spaziergang seinen Lieblingsplatz im nahen Wald. Er war eine Lichtung, die einer Bühne glich, wie sie in den grünen Kulissen der Bäume und Pflanzen lag, wozu ein silberglänzender Wasserfall einen rauschenden Vorhang bildete.
So einladend war dieser Platz, dass er sich umsah, um sich eine Stelle auszusuchen, an der er sich hinsetzen konnte. Dabei fiel ihm auf, dass der Boden mit einem Teppich aus dickem, funkelndem Moos überzogen war. Herzbeglückend glitzerten Millionen kleiner Moossternchen im Morgenlicht. Dazwischen lagen Spiegeln gleich kleine Teiche, die von dem Wasserfall gespeist wurden, und es roch fantastisch. Es war eine Mischung aus tropisch-exotischem Aphrodisiakum mit dem Duft feuchten Heus. Er setzte sich in die geschwungene Gabel eines glatten Baumes, der nur einen Meter über diesem Sternenmeer seine dicken Äste weit ausladend in alle Himmelsrichtungen streckte.

Ihm kam auch die angenehm feucht-warme Temperatur auf seiner Haut zu Bewusstsein. Jetzt hörte er die erzählenden Vogelstimmen, die ganz rein, ganz zart, ganz süß zu ihm sprachen. Und er sah unzählige Schmetterlinge, die an den Teichen geschlüpft waren. Das mussten Tausende sein! Und auf seiner Zunge konnte er den leichten Bodennebel schmecken, als würde Zuckerwatte an seinem Gaumen zergehen. Alles war echt und unverfälscht und vollkommen rein.

Unbewusst nahm er seine Brille ab und blieb eine ganze Weile in der Baumgabel angelehnt liegen. Alle seine Sinne waren weit und hochsensibel. Da sah er ganz nah vor sich, an einer weißen Blüte, einen dieser wunderschönen Schmetterlinge. Er sah die filigrane Zeichnung beider Flügel. Er sah die vielfachen Nuancen der leuchtenden Farben. Er beobachtete die sanften Bewegungen der beiden Flügel, die auf und ab tanzten. Und als der Schmetterling sich in die Luft erhob, da schaute er ihm so lange nach, bis er ihn weit entfernt an einem Bambus ausmachen konnte.

Er weiß heute nicht mehr, wie lange er da lag, er weiß nur, dass der alte Buchhalter irgendwann an seinem Ärmel zupfte, um ihn zurück zur Teeplantage zu führen.

Seitdem hat er die Brille nie wieder aufgesetzt. Seine Sinne waren weiter, seine Augen waren klarer und empfindsamer, von einer nie gekannten Trennschärfe – und das blieben sie auch. Er hatte erfahren, welche Kraft im Schauen liegt. Seine Sehfähigkeit war mit diesem einen Erlebnis so wesentlich verbessert, dass er von da an ganz ohne seine starke Brille auskam.

Wolfgang Hätscher-Rosenbauer wurde später Sehlehrer und gründete eine Schule für natürliches Sehen. Er wurde einer der bekanntesten Therapeuten für besseres Sehen. Er hat diese Lichtung von Ceylon in sich behalten und zeigt anderen seit Jahren den Weg zu Reinheit und Klarheit, den Weg zum »Sehen mit dem Herzen«.

DIE ÜBUNG

JO – RAKU – GA – JU

- **Zustand:** bewusst inkompetent
- wichtige Details in der Bewegungskoordination
- die Atmung als zentrales Mittel der Konzentration
- Aufbau der Konzentrationsenergie Chi
- **Motto:** Über die Kontrolle des Körpers die Kontrolle des Geistes gewinnen

III. DAS GLÜCK AUS DER SICHT DER WISSENSCHAFTEN

NIEMALS IST MAN SO GANZ ALLEIN

Ins Teufelsmoor kommen seit jeher Künstler wegen des einzigartigen Abendrots des Himmels über dem Flüsschen Wümme und über den Torfflächen. Seit jeher malen sie diese Stimmungen, sie beschreiben sie poetisch, sie verbinden sich musisch mit ihrer Schwingung. Die tiefe Mystik der ganzen Landschaft zog auch immer wieder spirituelle Menschen sowie Philosophen und Esoteriker in ihren Bann. In diesem Teil der Welt ist niemand so ganz allein, auch wenn er keinen Nachbarn in Sichtweite hat. Es sind allerdings Leute von besonderer Art, die den Weg dahin finden. Es sind Suchende, gewissermaßen Weltentfremdete, bis hin zu völlig abgedrehten Visionären. Eine tiefe Resonanz mit dieser Gegend haben auch geistige Pioniere, Querdenker und Revolutionäre.

Glücklicherweise gab es Tage und besonders Abende am Kamin, an denen ich solche Gäste im Waldhaus hatte. Rückblickend hatten wir bei all diesen Begegnungen besonders ein Thema: Wie kann der Einzelne Glück verwirklichen? Wie funktioniert Glück für eine Gemeinschaft? Wie käme mehr Glück in die ganze Welt?

Einige Gäste stelle ich dazu vor:

Zen-Mönche und Zen-Lehrer wie den Dharma-Nachfolger von Oi Saidan Roshi aus dem japanischen Hoko-Ji-Tempel, Rei Shin Bigan Roshi (Wolf-Dietrich Nolting)

Philosophen wie Johannes Heinrichs, Hans Endres und Hajo Banzhaf

Künstler wie Manfred Wenzel (Maler) oder Michael Schlüter (Pianist)

Pioniere wie Wolfgang Borges (Bergwerk »Lautenthals Glück«) oder Willi Wende (Erbauer und Kapitän der Encarnación)

Budo-Meister wie Wolf-Dieter Wichmann (7. Dan in Karate) oder Alfred Gehlen (6. Dan in Taekwondo)

Esoteriker wie Peter W. Köhne (Systemischer Radioniker) oder Wolfgang Maiworm (Astrologe)

Komplementärmediziner wie Rupert Sheldrake (Biologe) oder Carl O. Simonton (Onkologe)

Es gab auch Gespräche im Dialog oder als Gruppe unterschiedlichster Fakultäten vor dem Kaminfeuer im Waldhaus, und wir sprachen über die Wege zu wahrem Glück. Ich berichte aus Gesprächen mit Johannes Heinrichs (Prof. Dr. phil.), Carl O. Simonton (Dr. med.), Rupert Sheldrake (Dr. rer. nat.) Manfred Wenzel (Maler), Willi Wende (Kapitän), Susanne Guidera (Lektorin), Hajo Banzhaf (Tarologe & Philosoph), Wolfgang Maiworm (Astrologe).

DAS ERWEITERTE BEWUSSTSEIN

Am 10. Oktober 1619 begann unser mechanistisches Denken. An diesem Tag veröffentlichte ein französischer Wissenschaftler namens Descartes seine philosophischen Erkenntnisse zu einem neuen Weltbild. Damals war das eine revolutionäre und mutige Tat, ja, man könnte sagen, dieser Descartes hatte Courage. Denn das, was er da wissenschaftlich begründen konnte, befreite den selbstständig denkenden Bürger von einem historisch überlieferten Weltbild nach kirchlicher Doktrin. Descartes wies nach, dass der Geist nur im Gehirn angesiedelt ist, und dort wiederum nur in der Hirnanhangdrüse, der Hypophyse.

Dieses biologische Verständnis machte es möglich, Geistbesessenheit, Hexerei, Alchemie, Teufelsaustreibung und Exorzismus als das zu erkennen, was sie waren, nämlich als Mittel der geistigen Unterdrückung durch die Kleriker. Das kam einer intellektuellen Befreiung gleich, die den Mief der Talare hinwegfegte und neues Denken im Volk möglich machte.

So wurde Wissenschaft damals der Weg der Befreiung aus Dogmen, die sich als schändlich erwiesen hatten, der Weg aus dem Paradigma eines allgemeinen Denkens, das Folter, Qual und Tod mit sich brachte. So weit die guten Seiten dieser revolutionären biologischen Erkenntnisse.

Mehr als dreihundert Jahre später ist solch kirchliches Fehlverhalten im Namen des Kreuzes nur noch Relikt aus historischer Vorzeit. Jedoch das mechanistische Weltbild des Descartes hat sich seitdem nicht verändert. Mit dieser verengten Sicht auf das Bewusstsein wachsen Menschen bis heute auf. Heute noch glaubt die Wissenschaft und damit die Menschheit, dass Bewusstsein ein chemischer Prozess im Gehirn ist. Diese Meinung wurde zur allgemein anerkannten Wahrheit und ist noch heute überwiegend die Basis der Biologie und der Medizin. Immer noch wird gelehrt, dass der Geist eine Funktion des Gehirns sei.

Darum sind Geistheilung und Telepathie unverträglich mit der wissenschaftlichen Sicht. Glücklicherweise hat aber jede Zeit ihre Anstifter zu einer Revolution des Denkens.

ANSTIFTUNG ZUR REVOLUTION DES DENKENS

Seit dem Jahre 1998 wagen es Wissenschaftler, so zu denken: Alles, was wir sehen, geht über Lichtstrahlen in unser Gehirn hinein, und gleichzeitig projiziert unser Bewusstsein gedankliche Energie nach außen in den Raum. Das, was wir sehen, ist also nicht nur als Gedanke in unserem Gehirn angesiedelt, sondern als Bewusstsein tatsächlich im Raum, somit weit außerhalb unseres Kopfes!

Wenn das stimmt, dann müsste es theoretisch möglich sein, auf das, was wir sehen, Einfluss zu nehmen. Das heißt nichts anderes, als dass Geist über das Gehirn hinausreicht – in den Raum! Wir könnten demnach allein durch unser Hinsehen das Beobachtete beeinflussen! Und genau so ist es.

Prüfen wir das: Können wir merken, wenn wir von hinten angesehen werden? Merken andere es, wenn wir sie von hinten intensiv ansehen? Bist du schon einmal leise in ein Zimmer geschlichen, in dem ein Kind schlief, und hast es vermieden, das schlafende Kind im Bett anzusehen – um es nicht aufzuwecken?

Viele kennen dieses Phänomen aus eigener Erfahrung. Dass es so ist, ist tabu! Aber warum darf man bis heute nicht behaupten, dass es so ist?

Das ist ein Tabu, weil alle Kulturen wissen und schon immer gewusst haben, dass man auf einen anderen Menschen Einfluss nehmen kann, allein, indem man ihn ansieht. Man spricht vom »Bösen Blick« oder vom »Heiligen Blick«, und es gibt in Museen ganze Sammlungen von Amuletten gegen ihn. Wissenschaftler haben Leute befragt, die von Berufs wegen andere Leute beobachten, wie z. B. Wachleute, Detektive, Polizisten oder Schiedsrichter. Unter denen berichteten die erfahrensten Profis, dass ihre Beobachtungsobjekte es merken, wenn sie zu sehr hingucken. Deswegen wird trainiert, ohne starre Blicke zu beobachten. Dies bedeutet, dass unser Geist das, worauf wir ihn fokussieren, berührt – unkörperlich über größere Distanzen. Wir nennen diese Wahrnehmungsqualität heute »formbildend« oder, etwas wissenschaftlicher ausgedrückt, »morphisch«.

Morphische Felder der Wahrnehmung beeinflussen und werden beeinflusst. Kinder wachen auf, Vögel fliegen weg, Hunde werden nervös, wenn man sie anguckt. Wir sehen nicht nur die physischen Wesen, wir nehmen auch die morphischen Felder anderer Lebewesen wahr. Das ist ein völlig natürliches Phänomen. Die Art der Einflussnahme hängt dabei von der Absicht des Beobachters ab. Ein Voyeur, der einen Menschen beobachtet, sendet andere morphische Informationen aus als ein Bettler, der denselben Menschen anschaut.

Tiere haben den Vorteil, dass sie nicht zur Schule gehen müssen. Dadurch lernen sie dort nicht, dass es keine Telepathie gibt. Deshalb können Tiere diese Phänomene nutzen, ohne sich zu blamieren.

Weil wir Menschen aber zur Schule gehen, dürfen wir einige Behauptungen nicht infrage stellen:

1. Es gibt keine hellseherischen Phänomene.
2. Glück findet man nur im Außen.
3. Heilung geschieht nur über den Körper.

Eigentlich wissen wir alle, dass wir gerne glauben würden, was uns unsere ursprüngliche Natur lehrt. Aber wir haben gelernt, in diesen Punkten dumm zu sein.
Heute können wir erkennen:

Geist reicht über das Gehirn hinaus in den Raum.

Gehen wir noch einen bedeutenden Erkenntnisschritt weiter:

Geist reicht über das Gehirn hinaus in die Zeit.

Die Natur hat eine Art »Gedächtnis«. Das, was wir Menschen uns erarbeitet oder erkannt haben, wird über die Resonanz der morphischen Felder gespeichert. So entwickelt sich die Welt, das ist Evolution. Dem steht eine weitere Behauptung gegenüber:

4. Die Naturgesetze sind fest und unveränderlich.

Bis 1960 glaubte die Wissenschaft, das Universum sei zeitlich unbegrenzt. Seit 1960 weiß sie, das Universum entwickelt sich, besitzt also eine Evolution. Seit dem sogenannten Urknall hat sich demnach alles »mit der Zeit« entwickelt. Wenn sich also alles entwickelt, warum nicht auch die Naturgesetze? Wenn wir von unveränderlichen Gesetzen der Natur sprechen, dann sieht es in den letzten fünftausend Jahren vielleicht danach aus, weil sich aus Sicht des Menschen nichts verändert hat. Aber was sind fünftausend Jahre auf der kosmischen Uhr des Universums?

Die menschlichen Gesetze sind Analogien zu den Naturgesetzen – und sie verändern sich ständig! Statt also von unveränderlichen Naturgesetzen zu sprechen, wäre es näher an der Wahrheit, diese Zusammenhänge »Gewohnheiten« zu nennen. Angesichts der Größe der Zeiträume gewöhnen wir uns an das Sosein bestimmter Verhältnisse. So werden daraus eben Gewohnheiten. Aber alles entwickelt sich.

Pantha Rei – Nichts bleibt – Alles fließt.

Unser Geist ist nach morphischen Feldern organisiert.

Geist dehnt sich aus in Raum und Zeit. Jedes morphische Feld steht in Resonanz zu anderen morphischen Feldern. Diese sind gespeist aus der Vergangenheit, den kollektiven Denkgewohnheiten im Unbewussten (das ist mehr als C. G. Jung mit »kollektivem Unbewusstem« beschrieb, weil er damit nur menschliches Bewusstsein meinte) und dem kollektiven Glauben. Was viele glauben, ist eben leichter zu glauben. Es ist leichter zu lernen, was andere schon zuvor gelernt haben. Denn es liegt in morphischen Feldern, die in Resonanz zueinander treten, sich gegenseitig »informieren« und so neue Informationen speichern. Dadurch kommen wir weiter.

Standardisierte IQ-Tests werden über die Jahre immer leichter gelöst, die olympischen Leistungen steigen. Daraus folgt eine tief greifende Einsicht: Morphische Resonanz bedeutet eine große individuelle Verantwortung für das Denken, größer, als manch einer glaubt. Es ist eben nicht egal, was einer denkt – das hat Folgen für alle!

Gruppen werden durch morphische Felder zusammengehalten (Völker, Religionen, Lobbys, Interessengruppen). Ihr morphisches Feld bleibt bestehen, auch wenn ein Mitglied der Gruppe gerade woanders ist.

Morphische Felder sind raumlos und zeitlos.

Unser Geist reicht also in den Raum und in die Zeit hinaus. Jedes morphische Feld hat ein Gedächtnis über das Leben der mit ihm verbundenen Menschen hinaus.

Auch die Ahnen und die Ungeborenen sind darin enthalten.

… Das haben wir leider aus dem Blick verloren. Wenn unser Geist nicht an Raum und Zeit gebunden ist, stehen wir über Inkarnationen hinweg in Verbindung mit der Vergangenheit und der Zukunft. Jetzt ist es an der Zeit, unser Bewusstsein demgemäß neu zu entdecken. Wenn das gelingt, führt das auf dem Weg der Entwicklung in eine höhere Ebene des Bewusstseins.

Descartes und in der Folge Darwin und Newton haben das, was wir Seele nennen können, auf die Ratio reduziert, also auf den menschlichen Verstand, der für sie das Menschsein ausmachte, den Rest hielten sie nur für eine Maschine.

Diese Denker waren Pioniere in einer Zeit der dogmatischen Weltsicht. Dank ihnen wissen wir heute, dass es von allergrößter Bedeutung ist, was der Einzelne denkt. Es ist eben nicht egal, ob in China ein Sack Reis umfällt.

Es ist nicht egal, ob der Leser dieses Buches unglücklich oder glücklich ist. Es ist verdammt wichtig, was du denkst. Es ist von eminenter Bedeutung, ob wir den Übergang zum Glück erkennen und ihn dann betreten oder nicht. So geschieht Evolution! Und niemand ist verantwortlicher dafür als jeder selbst.

Irgendwo da ist das Glück – und es gibt vier Übergänge zu ihm: Jo Raku Ga Ju.

WIE QUANTENPHYSIK HILFT, WELT ZU BEGREIFEN

Das mechanistische Weltbild und die logisch-analytische Sicht der klassischen Naturwissenschaften sind durch die Wissenschaftler selbst ins Wanken gebracht worden. Gerade die Physiker haben einen höheren Zugang durch die Erkenntnisse der Quantenphysik gefunden. Ebenso haben die Molekularbiologen und die Kybernetiker neue Denkmodelle entwickelt, die nicht zu widerlegen sind.

Bis heute sind wir es im Allgemeinen gewohnt, nur das als Realität anzuerkennen, was wir mit unserem Gehirn nachvollziehen können. Daher präsentiert sich uns die Welt wiegbar, messbar, tastbar und somit erkennbar. Das entspricht dem Newton'schen Weltbild, dieses gilt aber nur für die Beschreibung von Objekten, die aus einer großen Anzahl von Atomen bestehen. Die Geschwindigkeit dieser Atome ist, gemessen an der Lichtgeschwindigkeit, sehr gering. Deswegen sind sie als alleinige Grundlage für ein Weltbild unvollkommen. Die Methode der Analytik des Vorgefundenen kann immer nur einen Teil der Naturphänomene erklären und niemals zu einer vollständigen Beschreibung der Wirklichkeit führen. Das, was wirkt, ist die Wirklichkeit, darum heißt sie so, sie ist aber nur ein Teil dessen, was ist.

Das Maß des Verstehens der Wirklichkeit ist das Maß des Verstehens der Welt. Und da sind wir heute, rein wissenschaftlich, schon sehr weit. Im Jahre 1900 stellte der deutsche Physiker Max Planck die Hypothese auf, dass elektro-magnetische Strahlung nur in Paketen einer ganz bestimmten Mindestgröße ausgestrahlt und absorbiert werden kann. Diese Pakete nannte er »Quanten«. Albert Einstein übertrug diese Idee auf das Licht, um so den licht-elektrischen Effekt zu erklären. Im Jahre 1926 schlug der amerikanische Chemiker Gilbert N. Lewis für diese Licht-Quanten die Bezeichnung »Photonen« vor, und so nennen wir sie heute noch.

Das CERN in Genf (Conseil Européen pour la Recherche Nucléaire), wo die Grundlagenforschung zu den Elementarteilchen in Europa betrieben wird, kam unter der Leitung von Carlo Rubbia zu einer elementaren Erkenntnis: Als man sich dort mit der Relation der Masseteilchen (Nukleonen) zu den masselosen Energiequanten (Photonen) befasste, errechnete man eine Naturkonstante, nach der das Verhältnis der Nukleonen zu den Photonen 1 zu 9,746 x 10^8 beträgt, also etwa 1 zu 1 Milliarde. Heißt das, dass es einer Milliarde Energiequanten bedarf, um ein Masseteilchen zu bewirken? Für uns heißt das jedenfalls, dass alles, was wir mit unseren physischen Sinnen wahrnehmen, lediglich der milliardste Teil der uns umgebenden Wirklichkeit ist. Das wirklich Formende, das Morphische, ist demnach nicht die Materie, sondern die masselose Energie, die von Photonen, also von Licht, ausgeht.

Elektronen und Photonen können wir als bestimmte Schwingungszustände im ansonsten leeren Raum verstehen.

Früher galt das Atom als unteilbar. Dann galt dies für den Atomkern, und heute zerfällt auch dieser in Quarks, Leptome, Gluone, Strings und andere Einheiten. Inzwischen sind zweihundert unterschiedliche Elementarteilchen bekannt, die oft nur eine Lebensdauer von einer tausendstel Sekunde haben. Dazu kommen auch noch die Antiteilchen (die Spiegelwelt).

Aus all diesen wissenschaftlichen Ergebnissen lässt sich ableiten, dass es Materie, so wie wir sie auffassen, gar nicht gibt, sondern nur verschiedene Schwingungszustände, die masselosen Quantenpaketen zukommen.

Das Biophotonenfeld bildet ein morphisches (formgebendes) Feld. Seine Informationen sind in der Keimzelle eines jeden Organismus enthalten und führen unter bestimmten Bedingungen zur Entwicklung der Frucht bzw. des Embryos. Die Bezeichnung als Feld soll dabei ausdrücken, dass in der langen Kette der Evolution Information in den Genen gespeichert werden. Deshalb nennen wir die biologischen Informationen auch »morphogenetisches Feld«.

Dieses morphogenetische Feld steht in konstanter Wechselwirkung mit den Signalen der Umwelt, sodass diese die Entwicklung des Organismus steuern. Das gilt für die »Baustoffe« ebenso wie für die Muster des Geistes, der diesen Organismus beseelt.

Es sind also Quanten der elektromagnetischen Strahlung, Photonen des Lichtes, Quanten des thermischen Feldes und Quanten des biologischen Feldes, die sich ausformen und unseren Körper bilden. Diese morphischen Felder überlagern sich gegenseitig und kommunizieren miteinander. Das morphogenetische Feld bewirkt so den materiellen Bauplan des Soseins. Unser Geist ist nach morphischen Feldern organisiert. Diese morphischen Felder beinhalten:

- das morphische Feld der Instinkte
- das morphische Feld der sozialen Ordnung
- das morphische Feld des Intellekts

Es sind auch die morphischen Felder, die einem Enzym signalisieren, wann es wo was zu katalysieren hat. Wenn das »funktioniert«, dann ist der Zustand des Organismus optimal kohärent (schwingungsgleich). Und das nennen wir Gesundheit.
Morphische Felder bewegen unseren Geist, lassen Gedanken entstehen und tragen optimale Informationen in sich, die in ihrer Summe unsere individuelle Geisteshaltung ausmachen. Wenn das »funktioniert«, dann ist der Zustand unseres Geistes optimal kohärent zum größtmöglichen Licht, der Erleuchtung. Und bereits den Weg dahin nennen wir Glück.

»Happiness is the way.«

Ein gesunder Organismus und ein lichter Geist werden als lernende Ganzheit vom Biophotonenfeld kooperativ zusammengehalten. Die komplexen Wellenfunktionen, die die Quantenphysik für die Moleküle errechnet, zeigen, dass die Koppelung der Atome zu Molekülen und zu Organen und zu Organismen nicht einem simplen mechanistischen Bauplan folgt. Folglich müssten besonders jene Verfahren erfolgreich sein, die auf dieser morphischen Ebene, sozusagen gemäß der »Blaupause des Universums«, arbeiten.

Die von Dr. Albert Abrams begründete Radionik wird diesem Anspruch gerecht, weil sie auf der höheren Ebene der feldbildenden Quanten arbeitet. Das muss OW gewusst haben, als er nach seiner Begegnung mit Abrams die »Glücksübung« in sein Leben integrierte. Er hat es sicher nicht so gewusst, wie es hier beschrieben wurde, denn das sind Erkenntnisse von Forschern des 21. Jahrhunderts wie Rupert Sheldrake, Fritz-Albert Popp und Peter W. Köhne, aber doch so, dass sie die Übung seines Lebens wurde.

SCHRITTE ZUR KÖRPERLICHEN UND SPIRITUELLEN HEILUNG, SCHRITTE ZUM GLÜCK

Bei einem Kongress in Bremen unter dem Titel »Visionen menschlicher Zukunft« nahm ich an einem Workshop mit Dr. Carl O. Simonton, einem erfolgreichen Krebs-Spezialisten aus den USA, über den Umgang mit Krebspatienten teil. Dabei verglich er die Arbeit mit Krebspatienten mit dem Segeln: Es gibt etwa fünftausend Knoten, doch zwei davon sind besonders wichtig. Der eine ist der »Pfahlstich«, und der andere ist der, den du suchst.

Was der Pfahlstich beim Segeln, das ist ein ganz bestimmter Artikel in der Medizin-Literatur zur Krebsheilung. Diese Studie wurde von dem Psychologen Dr. Lawrence Leshan in jahrelanger Recherche durchgeführt und veröffentlicht. Darin bewies er zwei Erkenntnisse:

1. dass Beratung die Lebenszeit von Krebspatienten gegenüber einer Kontrollgruppe ohne Beratung verdoppelt.
2. dass alles, was dem Patienten hilft, mit seinen Emotionen umzugehen, ihm grundsätzlich hilft, zu genesen.

Wenn es stimmt, dass alles, was dem Patienten hilft, mit seinen Emotionen umzugehen, ihm hilft, gesund zu werden, dann gehört natürlich auch die Bearbeitung von Emotionen in eine Therapie. Alles, was es gibt, hilft irgendjemandem, aber nichts hilft jedem!

Was für den einen Medizin ist, ist für den anderen Gift. Wenn man die richtigen Dinge falsch macht oder die falschen Dinge richtig, dann gerät eine Behandlung aus der Balance. Die Kunst der Therapie besteht darin, die richtigen Dinge richtig zu machen. Daraus folgt, dass nicht so sehr standardisierte Behandlungsmethoden eine Besserung garantieren können, sondern eher individuelle. Doch gibt es grundsätzlich drei Ebenen, auf denen eine ganzheitliche Behandlung erfolgen muss:

- die körperliche
- die emotionale
- die spirituelle

Sehr wichtig ist auch die spirituelle Einstellung des Patienten zum Leben. Hat der Patient spirituelle Verwirrungen oder Orientierungslosigkeiten, rühren diese von einer ungesunden Glaubenshaltung! Die muss zuerst behandelt werden – aber wie geht das? Was ist überhaupt eine gesunde Glaubenshaltung? Und woran erkennt man sie?

Erst einmal hat das nichts, aber auch gar nichts, mit einer religiösen Konfession, mit Orthodoxie zu tun. Eine Glaubenshaltung ist dann gesund, wenn sie dem Patienten hilft, in Zeiten des Krankseins wieder in Harmonie zu kommen, wenn sie in Problemzeiten hilft, wieder glücklich zu werden. In den letzten 25 Jahren hat in der Bevölkerung das Verständnis von Gesundheit einen großen Schritt vorwärts gemacht. In der gleichen Zeit ging der mechanistische Ansatz in der Medizin zurück. Durch diesen Bewusstseinswandel im morphischen Feld der Bevölkerung konnten wir eine Menge darüber lernen, wie ein glücklicher Zustand überhaupt erst möglich ist.

Drei Dinge braucht der Mensch, um aus einer Krankheit heraus gesunden zu können:

1. Hoffnung (»Ich kann gesunden.«)
2. Nichtanhaften am Ergebnis (wie das auch ausfällt)
3. bereit sein, zu sterben – und bereit sein, zu gesunden

Um diese Voraussetzungen zu prüfen und, wenn nötig und möglich, zu schaffen, wird der Patient getestet. Ein einfacher, aber hocheffektiver Test geht so:

Der Patient wird gebeten, aufzuschreiben, woran er glaubt. Das hört sich einfacher an, als es ist. Die meisten Leute haben das noch nie formuliert und müssen darüber nachdenken. Manche denken Wochen oder Monate darüber nach, aber das macht nichts, irgendwann wird jedem seine Glaubenshaltung klar.

TEST: Bitte schreiben Sie Ihre Glaubenshaltung auf.

Was immer der Patient schreibt, wie immer er sich ausdrückt, ob lang, ob kurz, ob klar oder diffus, diese Glaubenshaltung wird anschließend ohne jegliche Bewertung an vier Fragen gemessen.

Vier Fragen, denen die Glaubenshaltung standhalten muss:

1. Hilft mir meine Glaubenshaltung, gesund zu werden?
2. Hilft mir meine Glaubenshaltung, meine Emotionen für meine Gesundung einzusetzen?
3. Hilft mir meine Glaubenshaltung, Informationen über mich zu gewinnen?
4. Hilft mir meine Glaubenshaltung, mich so zu fühlen, wie ich mich fühlen möchte?

Wenn mehr als eine der Fragen mit Nein beantwortet wird, dann ist eine Heilung mit spiritueller Kraft kaum möglich! Werden drei oder vier der Fragen bejaht, dann besteht gute Hoffnung, einen glücklichen Zustand zurückzuerlangen. Andernfalls wäre es für den Patienten sehr hilfreich, in einem Coaching-Prozess zunächst eine gesunde Glaubenshaltung zu entwickeln.

Der Schlüssel zum Glück ist die eigene Geisteshaltung.

In Dr. Simontons Klinik wird der Patient ermutigt zu überprüfen, wie er über die folgenden Fragen denkt:

1. Wie kann mein Körper sich heilen?
2. Wie will ich behandelt werden? Mit welchen Methoden, welchen Therapien?
3. Was glaube ich über Krebs?

Die erste Frage soll dem Patienten bewusst machen, dass sein Körper sich heilen kann. Er konnte es schon immer. Er tat es an jedem Tag all der Jahre seines Lebens.

Die zweite Frage soll dem Patienten bewusst machen, dass er selbst weiß, wie und womit er behandelt werden will. Tief drinnen weiß jeder genau, was für ihn gut ist. Kein Arzt kennt die Individualität eines Menschen auch nur annähernd so gut wie dieser selbst.

Die dritte Frage soll dem Patienten bewusst machen, was Krebs überhaupt ist. Krebs ist nicht das, was viele aus der mechanistischen Medizin heraus daraus machen wollen. Krebs ist eine schwache Krankheit! Die Krebszelle ist schwach, verwirrt und deformiert. Sie greift keine anderen Zellen an (auch wenn das behauptet wird, konnte das niemals nachgewiesen werden).

Wenn nun aber jemand glaubt, egal ob Arzt oder Patient, Krebs sei eine starke, vernichtende, aggressive Krankheit, was wird er dann wohl zu deren Bekämpfung einsetzen? Am besten die Atombombe! Das wird helfen, garantiert. Und so machen wir es auch: mit Strahlentherapie. Dr. Simonton war Radiologe, er kennt das. Oder, wem das lieber ist, mit Chemotherapie, Gift. Mit derselben Substanz hat man im Krieg Wälder entlaubt und Menschen vernichtet. All das hilft garantiert, aber eben nicht nur bei der Vernichtung der schwachen, verwirrten, deformierten Krebszellen, sondern genauso bei der der gesunden, starken Zellen. Aber wer glaubt, dass Krebs stark ist, greift zu solchen Mitteln.

Die stärkste Heilkraft liegt in uns Menschen selbst.

Wer sich mit dem Enneagramm auskennt, entlarvt die mechanistische Medizin als eine Leidverdrängungsmedizin (Enneagrammpunkt Sieben). Das Motto lautet: Mehr ist besser! Leiden muss bekämpft werden, damit man, ohne daraus zu lernen, wieder fröhlich sein kann. Und wir tun nun einmal gern so, als wäre das Verschwinden der Symptome gleich dem Verschwinden der Ursachen.

Das Simonton-Center in den USA ist erfolgreich, weil dort die Heilkräfte des Menschen aktiviert und keine Kampfmittel eingesetzt werden. Die wahre und angemessene Heilkraft liegt im Menschen selbst. Sie zu aktivieren oder zu trainieren, heißt, Krankheit zu behandeln!

Ich habe Dr. Simonton gefragt, ob er Heilung ohne Spiritualität ausschließt. Seine Antwort war Ja – das ist der »Pfahlstich-Knoten«, das ist das Wichtigste.

Demnach wäre Jo Raku Ga Ju der zweitwichtigste von fünftausend Knoten beim Segeln durch das Leben. Den übt man am besten beim strahlenden Sonnenschein des Lebens, um ihn später einmal auf rauer See sicher zu beherrschen.

DIE ÜBUNG

- **Zustand:** bewusst kompetent
- Die Übung Shi Do wird frei anwendbar beherrscht.
- Der Do-Charakter der Übung wird erkannt.
- Die Konzentrationsenergie Chi bestimmt den Übungsablauf.
- **Motto:** die Einheit von Geist und Körper

IV. DIE PRAXIS DER VERWIRKLICHUNG DES GLÜCKS

Wer den eigenen Einsatz verweigert,
kommt bestenfalls zu Genüsslichkeiten,
jedoch nicht in jenen Bereich,
wo das Glücklichsein anfängt.

Hildegund Fischle-Carl

ZUM GLÜCK GEBOREN

Diese Welt ist eine große Bühne, auf der jeder seine Rolle spielt. Auf dieser unendlich großen Bühne werden zu jeder Zeit und parallel zueinander vielerlei Stücke gespielt. Und je nachdem, in welches Stück jemand hineingeboren wird, startet sein Auftritt in einer Komödie, einer Tragödie, einem Schwank, einem Krimi oder einem anderen Fach.

Der Regisseur dieses Stückes sorgt für die bestmögliche Besetzung der Charaktere und hilft den Akteuren, in die Rolle hineinzuwachsen. Und eines Tages kommt die Generalprobe, der letzte Schliff, man könnte sagen, die Meisterprüfung – und die Show kann beginnen. Was immer da gespielt wird, ob Klassik oder Postmoderne, es gibt nur ein großes Ziel der gesamten Aufführung: Die Zuschauer mögen glücklich sein und hinterher sagen, es habe sich wirklich gelohnt, dabei gewesen zu sein. Wenn das gelingt, dann sind auch alle Beteiligten glücklich; vom Intendanten über die Bühnenarbeiter bis zu den Schauspielern macht sich bei allen eine heitere Stimmung breit, die zu neuer Motivation beiträgt.

Nur manchmal ist jemand im falschen Stück oder ihm gefällt das Bühnenbild nicht oder er wünscht sich ein anderes Publikum oder er versteht den Sinn der Aufführung nicht oder er wäre lieber Hauptdarsteller statt Komparse. Die meisten von uns durchlaufen in ihrer Karriere viele Stücke und Stufen, ehe sie im Lichtkegel vor dem Schlussvorhang stehen und gefeiert werden, der Applaus einen wohligen Schauer des Glücks zu ihnen heraufträgt. Als Zuschauer ahnt man in solchen Momenten der Ovation oft nicht, wie hart und fordernd der Weg dahin für die Akteure gewesen ist. Glück ist etwas Aktives, etwas, wonach man Ausschau halten muss. Und Glück ist erlernbar.

Zugegeben, es ist nicht immer leicht, die Lektionen im Leben zu lernen, aber Glück kann jederzeit geschehen. Glück ist unabhängig von Ort, Zeit, Umstand, Alter und Geld. Es gibt keine Glücke, nur das eine Glück.

Glück ist immer möglich, auch wenn es nicht immer wahrscheinlich ist. Glück kommt nicht automatisch, jedoch kann man seine Wahrscheinlichkeit erhöhen. Die Wahrscheinlichkeit dafür, im Leben das Glück zu verwirklichen, ist für jeden Menschen gleich hoch, auch wenn das anfangs anders aussehen mag, weil jemand in ein Drama hineingeboren wurde. Wir können so lange üben und neue Fähigkeiten ausbilden, bis wir an ein anderes Schauspielhaus berufen werden, in ein besseres Stück.

Stellvertretend für alle, die in ein ungeeignetes Stück hineingeraten sind, bitte ich nun den Mönch Ikedo Yoshimasa, seine Biografie zum Glück vorzutragen.

Er sagt: »Wer will, kann die Asche des Räucherstäbchens fallen hören«, schmunzelt, gleitet aufrecht zu Boden in den stabilen Lotossitz und erzählt ohne Zögern in schönster Prosa ...

**Aufrecht wollte ich durchs Leben gehen,
es wollte mir nicht glücken,
oft musste ich mich bücken.**

Kai-San

Macht nichts – trotzdem!

Ko-San

BIOGRAFIE EINES GLÜCKSSCHMIEDS

Ich hatte gedacht, es würde alles so verlaufen, wie ich das wollte. Nichts könnte meine Bahn ändern, und ich würde die Landkarten dieser Welt neu schreiben. Doch ich sollte lernen, dass die Meere dieser Welt ganz anders waren, als ich mir das vorgestellt hatte.

Ich kam ins Studium, und die Mühlen der Universitäten zermalmten jeden Glauben an Ideen und Inspiration in mir. Ich lebte in Kommunen und stellte fest, dass in den gnadenlosen Linienkämpfen die Visionen auf der Strecke blieben. Ich schwebte mit LSD durch die wunderbarsten Welten und durchquerte im Cosmic-Train Jahrtausende, wachte aber in tiefster Depression wieder auf, fast bereit zum Selbstmord. Ich reiste nach Indien und fand nicht das Glück, sondern nur Armut, Ausbeutung und Einsamkeit.

Ich suchte Lehrer und fand stattdessen einen »Club spirituel«. Ich suchte die Erfüllung in Bangkok, kam aber nur mit einer Krankheit zurück. Die berufliche Karriere endete im absoluten Burnout-Syndrom. Ich suchte Wahrheit, übrig blieben nur abgelehnte Beweisanträge. Frauen sollten mich begleiten, aber jede Beziehung ging mit Schmerzen in die Brüche. Ich wollte der Welt meine Botschaft mitteilen – doch keiner hörte mir zu.

Alles, was ich bisher mit großem Elan, mit Hoffnungen und Visionen angefangen hatte, wurde im Laufe der Zeit immer schwerer und mühsamer, oder eine Last hing an mir, drückte mich nieder, zog mich bis zur absoluten Erschöpfung zu Boden. Was immer ich begann, fand auch sein Ende. Jede Hoffnung zerplatzte, jede Vision wurde ein Schreckensgemälde, jede Liebe war voller Schmerzen, und jeder Erfolg wurde zur Niederlage. Alles, was ich anfing, war seltsamerweise von vornherein zum Scheitern verurteilt.

Vor dem Scherbenhaufen meiner Träume, Visionen und Hoffnungen entschloss ich mich, nach Japan zu gehen, um dort vielleicht in einem Kloster in den Bergen das Prinzip des Scheiterns für den Weg des Glücks anzuwenden. Lange suchte ich, bis ich einen kleinen Bergtempel fand, der von einem alten Mönch versorgt wurde. Er nahm mich auf, ohne dass ich lange vor der Tür sitzen musste, sprach nicht viel, gab mir eine Tasse Tee und lud mich ein, den Tempel mitzuversorgen.

Die einzige Bedingung war, nicht zu reden und bei jeglichem Ablauf ohne Widerspruch, ohne Stoppen, ohne Anhaften, ohne Trauer mitzufließen.

Dann passierte das Merkwürdigste, was in meinem Leben je geschehen war. Dieser von mir verehrte Mönch Akihiro-Sensei belehrte mich über das Glück nur durch sein Beispiel, ohne zu reden. Er nahm mich mit auf seine Glücksfähre, zeigte mir, was ich zu tun hatte und vor allem, was ich zu lassen hatte, und führte mich so durch seine Lehre, ohne zu lehren, in die Heiterkeit.

DIE VIER BELEHRUNGEN DES VEREHRTEN MÖNCHES AKIHIRO-SENSEI

Akihiro-Sensei war 75 Jahre alt, ein kleines Männchen mit spiegelblanker Glatze, zierlich gebaut und quicklebendig. Immer machte er den Eindruck, wie eine Schwalbe im Flug durch den Raum zu gleiten. Seine Haut war noch die eines Kindes, rosig, wenngleich von Falten durchzogen. Seine Augen waren die eines scheuen Tieres, ganz klar und hellwach. Wenn er meditierte, dann war sein Gesichtsausdruck edel und voller Würde, wie bei einem mächtigen Herrscher. Wenn wir rezitierten, war seine Stimme tief und kraftvoll. Bei den Zeremonien bewegte er sich elegant und schnell wie ein Tänzer, und wenn wir gemeinsam zur Stadt hinuntergingen, um uns ins Bad zu legen, war er schwatzhaft wie ein altes Marktweib. Überall blieb er dann stehen, scherzte mit den Leuten, die ihn kannten, und hinterließ überall eine Spur der Heiterkeit und der Freude. Alle freuten sich, ihn zu sehen, und verbeugten sich in tiefer Dankbarkeit, wie auch er durch ständiges Verbeugen allen seine Zuneigung, Wertschätzung und Hochachtung bekundete.

Immer hatte ich das Gefühl, von einer leichten Morgenbrise mitgenommen zu werden, wenn er so mit mir durch die Straßen rannte, denn langsam gehen konnte er gar nicht, wenn er unterwegs war. Nie habe ich ihn über Sorgen lamentieren hören oder über eine schreckliche Vergangenheit oder eine unsichere Zukunft. Niemals ließ er ein unhöfliches Wort über andere Menschen fallen. Er drückte immer nur seine Wertschätzung aus. Was ihn besonders ausmachte, war sein Humor. Lächeln und schmunzeln, Scherze machen und über sich selbst lachen, das konnte er besonders gut, wenn er mal den Schlüssel vergessen oder das falsche Fahrrad mitgenommen hatte. Er trug alte, ausgelatschte Schuhe, und seine Lieblingsbekleidung war sein Samugi, das ist der Arbeitsanzug der Mönche. Seine liebste Beschäftigung war die Arbeit in seinem Moosgarten. Den hegte er bis ins Detail und in vollkommener Versunkenheit.

So sah dieser Moosgarten auch aus, pure Harmonie aus Millionen kleiner Moossternchen. Kurzum, der verehrte Mönch Akihiro-Sensei war Heiterkeit und Würde in Person. Mit der Zeit, als ich genauer hinsah, fiel mir auf, dass dieser Mönch mir die Möglichkeit gab, von seinen Handlungen auf seine Geisteshaltung zu schließen. Und bald beobachtete ich diese jeden Tag aufs Neue und entdeckte so die vier Belehrungen, die er mir in gelebter Haltung gab.

Die erste Belehrung: Vergänglichkeit und Ewigkeit – Jo

In der Welt des Akihiro-Sensei gab es so etwas wie Ewigkeit. Er war in jedem Moment voll und ganz da. Er sprach zwar auch manchmal von der Vergangenheit, aber auch dann war er ganz wach und in der Gegenwart. Von der Zukunft sprach er eigentlich nie. Er hatte eine solche Hingabe an den Moment, dass er die

Welt in sich entstehen und auch gleich wieder vergehen ließ. Ohne Wahl nahm er sie hin, und ohne Zögern ließ er sie auch wieder los. Wenn ein Besucher kam, war dieser ihm willkommen, und wenn der Besucher ging, wurde er verabschiedet.

Wenn eine Zeremonie gehalten werden musste, zündete er die Räucherstäbchen an, wenn sie vorbei war, zog er seine Robe aus und den Arbeitsanzug an.

Ihm war zweierlei bewusst: Was immer kommt, das geht auch wieder. Was immer entsteht, wird verlöschen. Nimm an, was kommt. Wenn es schön ist, freue dich, aber hafte nicht daran. Wenn es hässlich ist, begrüße es und sei gewiss, es wird auch wieder gehen. Das größte Glück nimmt ein Ende, und auch das größte Unglück geht vorbei.

Dadurch, dass er dies so akzeptierte, stand er immer unmittelbar und hellwach im Moment, ohne jede Vergangenheit und ohne jede Zukunft – und das ist die Ewigkeit.

Die zweite Belehrung: Leidhaftigkeit und Heiterkeit – Raku

Akihiro-Sensei war nicht dem Leben ausgeliefert, wie ich es so oft war. Er erlitt nicht das Leben, er gestaltete es. Er war der Herrscher seiner Welt, er war der Fixstern in seinem Universum. Er war die Sonne, um die sich all die Planeten drehten, und er bestimmte die Bahnen der Planeten in seinem Universum. Dies erreicht er nicht durch einen Herrschaftsanspruch, durch gewaltsames Verhalten oder durch Pochen auf irgendwelche Rechte oder Rang und Namen, sondern der Lauf seines Universums geschah absolut natürlich, und er durchdrang diesen Kosmos wie eine Sonne mit seinem Licht.

Auf ganz natürliche Weise setzte er die Bedingungen für seine Welt, und die Grundstimmung in seiner Welt war Heiterkeit. Es hatte den Anschein, dass er nicht mehr irgendwelchen Kausalverläufen ausgeliefert war, die ihn unvermittelt hätten treffen können. Im Gegenteil war es bei ihm so, dass die von ihm gesetzte Ursache immer sofort ihre Wirkung entfaltete, und diese Wirkung war immer getragen von Heiterkeit, von Leichtigkeit, von Stille und von hellwacher Präsenz. Er war der Marionettenspieler, der in behutsamer und flinker Art die Fäden zu ziehen wusste, ein Klavierspieler, der intuitiv die kräftigsten, aber auch die zartesten Töne hervorzubringen wusste. Nie und nirgends gab es Platz für irgendeinen Zweifel in seinem Reden oder Handeln. Sein Verhalten war fraglos und eindeutig – und so lebte er. Und alle, die ihn trafen, begegneten ihm in seinem hellen Spiegelsaal von Heiterkeit.

Die dritte Belehrung: Veränderlichkeit und Selbstlosigkeit – Ga

Der verehrte Mönch Akihiro-Sensei war ständig in Bewegung und blieb sich trotzdem immer selbst treu. Dabei hatte er kein festgefügtes Ich, nein, sein Wesen war immer der jeweiligen Situation und den ihm begegnenden Menschen angepasst. Mit der

Situation veränderten sich sein Verhalten und sein inneres Klima entsprechend. Bei Leid zeigte er Mitgefühl und spendete Trost, bei Freude lachte er mit, bei Bedürftigkeit lieh er seine helfende Hand, und bei Stille war er absolut still. Er hatte erkannt, dass sich alles veränderte und er Teil dieser Veränderung war. Er repräsentierte das Prinzip: Das einzig Beständige ist der Wandel. Er befand sich nicht nur im Fluss, er war der Fluss. Und dieses Im-Fluss-Sein bedeutete, dass er ohne ein festes Selbst war. Er war im besten Sinne »sein Selbst los«.

Die vierte Belehrung: Relativität und Reinheit – Ju

Der vorbildliche Mönch Akihiro-Sensei hatte auf seine individuelle Art eine Beziehung zu allem und jedem. Er spiegelte sich in allem, und jeder spiegelte sich in ihm. Ein unendlich weit verzweigtes Netz, in dessen Mitte er saß, verband ihn mit allem. Man wusste nicht, wo Anfang und wo Ende war, da war nur das Netz, und alle Fäden liefen auf ihn zu. Alle Relationen gingen von ihm aus und kamen zu ihm zurück. Er lebte das beziehungsreichste Leben, das man sich vorstellen kann. Und warum? – Weil er absolut rein war wie ein leerer Spiegel. Alles und jeder konnte sich in ihm erkennen, weil es ihn eigentlich gar nicht gab. Er gab demjenigen, der in ihn hineinschaute, nur diesen selbst wieder zurück – und das in seiner schönsten Form. Er war ein absolut blanker, klarer Kristallspiegel, der sich ein Leben lang durch harte Selbstschulung so poliert hatte, dass kein Staub auf ihm lag.

Die vier Belehrungen des Mönches Akihiro-Sensei: ewig = Jo, heiter = Raku, selbstlos = Ga, rein = Ju

Akihiro-Sensei lebte einerseits in der Werdewelt, in der alles, was entsteht, auch vergeht. Und diese Vergänglichkeit hatte er erkannt und zutiefst akzeptiert. Aber gleichzeitig hatte er jederzeit die Möglichkeit, in die andere, die Welt der Stille einzutauchen, und in dieser Welt des Absoluten herrschen die Qualitäten der Ewigkeit, der Heiterkeit, der Selbstlosigkeit und der Reinheit. Diese drückten sich in ihm aus. Er konnte in beide Weltenräume beliebig eintreten und sich bewusst, ja sogar intuitiv, von ihnen durchdringen lassen. Dieses Einssein von ewig, heiter, selbstlos, rein – das ist das Glück. Das war sein Mantra, das er täglich rezitierte, um die Übergänge zum Glück zu betreten, auf Japanisch: »Jo Raku Ga Ju«, und dazu bewegte er sich zeitlupenhaft, geschmeidig, wie in einem Tanz um eine Mitte, in der das Glück liegt.

Ich danke dem ehrwürdigen Mönch Akihiro-Sensei, der mir den Weg wies.

So weit aus der Biografie meines Freundes, der unter dem Ordensnamen »Klarer Mond« selber ein Zen-Mönch wurde.

DER CHORGESANG DES ZEN-MEISTERS HAKUIN

Nun sollst du erfahren, welche Meditationsaufgabe die Zen-Mönche mit in den Wald brachten.

Zen-Meister Hakuin lädt uns ein, die Welt einmal so zu betrachten, wie sie wirklich ist:

1. **Diese Welt ist vergänglich.**
   Aus Staub geboren wird alles auch wieder Staub.
2. **Diese Welt ist bedingt.**
   Es gibt Saat und Ernte, und sie bedingen einander. Alles ist Ursache und Wirkung.
3. **Diese Welt ist verwoben.**
   Wo ich bin, da ist die Welt. Wo ich bin, da sind Probleme. Nichts kann irgendwo sein, ohne mit allem anderen etwas zu tun zu haben.
4. **Diese Welt ist wandelbar.**
   Ich kann von einem Ufer zum anderen gelangen.
   Ich habe die Kraft und die Fähigkeit, mein Schicksal zu bestimmen.

Das sind die vier Merkmale aller Weltphänomene. Dies muss man erkennen, und danach muss man handeln. Auf diese Weise begegnet uns die Welt, so erleiden wir sie. Es gibt eine Möglichkeit, diesem Leiden zu entkommen. Wir stehen am Ufer der Werdewelt (im Sanskrit »Samsara«), wo die Dinge kommen und gehen, hier gibt es Krankheit, Alter und Tod. Das andere Ufer ist das des reinen Landes, wo das Leiden überwunden ist. Dieses Land ist ewig, heiter, selbstlos und rein.

Dieses reine Land (im Sanskrit »Nirwana«) ist nirgendwo anders zu finden als in unserem Herzen und Geist. Das bedeutet, dass wir immer und überall die Möglichkeit haben, in dieses Land einzutreten.

Es gibt vier Übergänge über den großen Fluss des Leidens. Vier Übergänge führen vom Samsara-Ufer zum Nirwana-Ufer. Über alle vier Brücken muss man gehen. Sie verwandeln das Alltagsbewusstsein in Buddha-Bewusstsein.

Samsara		Nirwana	Mantra
Vergänglichkeit	führt zu	Ewigkeit	Jo
Bedingtheit (Ursache und Wirkung)	führt zu	Heiterkeit	Raku
Du-/Ich-Haftigkeit (Ego)	führt zu	Selbstlosigkeit	Ga
Wandelbarkeit (Form)	führt zu	Reinheit	Ju

Übungen können uns aus Samsara hinaus- und in Nirwana hineinführen.

Die Vergänglichkeit trägt zugleich die Ewigkeit in sich.
Die Leidhaftigkeit trägt zugleich die Heiterkeit in sich.
Die Wesenhaftigkeit trägt zugleich die Selbstlosigkeit in sich.
Die Form trägt zugleich die Leere in sich.

Dieses Verständnis führt uns weg vom linearen Bewusstsein und hin zum komplexen, alles durchdringenden Bewusstsein.

Dazu der Chorgesang des Zen-Meisters Hakuin in der Original-Aussprache und in der Übertragung aus dem Japanischen:

Hakuin Zenji Zazen Wasan	**Chorgesang des Zen-Meisters Hakuin**
Shujo Honrai Hotoke Nari	Die Menschen sind in ihrem tiefsten Wesen Buddha.
Mizu To Kori No Gotoku Nite	
Mizu O Hanarete Kori Naku	Es ist wie bei Wasser und Eis:
Shojo No Hoka Ni Hotoke Nashi	Wie es kein Eis gibt ohne Wasser, so gibt es nicht einen Menschen ohne Buddhanatur.
Shujo Chikaki O Shirazu Shite	Wehe den Menschen, die in weiter Ferne suchen und nicht wissen, wie nah die Wahrheit ist.
Toku Motomuru Hakanasa Yo	
Tatoeba Mizu No Naka Ni Ite	
Katsu O Sakebu Ga Gotoku Nari	Sie gleichen denen, die mitten im Wasser stehen und doch nach Wasser schreien.

Choja No Ie No Ko To Narite   Sie sind Kinder aus reichem Hause,

Hinri Ni Mayou Ni Kotonarazu   die in Armut und Elend ihren Weg ver-

Rokushu Rinne No Innen Wa   loren haben.

Onore Ga Guchi No Yamiji Nari   Irrend durchwandern sie alle Welten,

verstrickt im Finstern ihrer Unwissenheit.

Yamiji Ni Yamiji O Fumisoete   Wie könnten sie je frei werden von Ge-

Itsuka Shoji O Hanaru Beki   burt und Tod, wenn sie endlos im Dun-

Sore Makaen No Zenjo Wa   kel des Irrtums suchen?

Shotan Suru Ni Amari Ari   Zazen, wie es der Buddha lehrt:

Kein Lob kann sein Verdienst erschöp-

fen!

Fuse Ya Jikai No Shoharamitsu   Alle Tugenden: Barmherzigkeit und Sitt-

Nenbutsu Zange Shugyo To   lichkeit, alle gute Tat, Lobpreisung Bud-

Sono Shina Oki Shozengyo   dhas und alle Übungen,

Mina Kono Uchi Ni Kisuru Nari   alle münden sie hier!

Wem nur ein einmaliger Sitz sich vollen-

det, dem löst sich alles Karma auf, ange-

häuft in zahllosen Leben.

Ichiza No Ko O Nasu Hito Mo   Wo sind die Pfade des Übels, wenn das

Tsumishi Muryo No Tsumi Horubu   reine Land so nah ist?

Akushu Izuku Ni Arinu Beki   Wer voll Demut auch einmal nur diese

Jodo Sunawachi Tokarazu   Wahrheit vernimmt, wer sie preist und

mit Vertrauen befolgt, erlangt unend-
liche Glückseligkeit.

Katajikenakumo Kono Nori O   Mehr noch: Wenn wir uns ganz der Su-
Hitotabi Mimi Ni Fururu Toki   che hingeben und unmittelbar unsere ei-
Sandan Zuiki Suru Hito Wa   gene Natur erleben,
Fuku O Uru Koto Kagiri Nashi   dann ist unser eigenes Wesen nichts
                                 anderes als die Natur des vollendeten
                                 Nichts, und wir sind erhaben über des
                                 Denkens Spiel.

Iwanya Mizukara Eko Shite   Weit öffnet sich das Tor der Einheit von
Jiki Ni Jisho O Sho Sureba   Ursache und Wirkung,
Jisho Sunawachi Musho Nite   und der einzige Weg tut sich auf,
Sudeni Keron O Hanaretari   geradeaus hin, kein zweiter und dritter.

Inga Ichinyo No Mon Hirake   Wer ihn beschreitet, der nimmt an als
Muni Musan No Michi Naoshi   Gestalt die Gestalt des Gestaltlosen,
Muso No So O So To Shite   und sein Gehen und Kommen geschieht
Yukumo Kaerumo Yoso Narazu   nirgends als wo er ist.

Munen No Nen O Nen To Shite   Der nimmt an als sein Denken das Den-
Utau Mo Mau Mo Nori No Koe   ken des Nichtdenkens,
Zanmai Muge No Sora Hiroku   und sein Singen und auch sein Tanzen
Shichi Enmyo No Tsuki Saen   sind Stimmen der Wahrheit.

Kono Toki Nani O Ka Motomu Beki   Der Himmel des Samadhi ist grenzenlos
Jakumetsu Genzen Suru Yue Ni   und frei, und es leuchtet der volle Mond
Tosho Sunawachi Rengegoku   der vierfachen Weisheit.
Kono Mi Sunawachi Hotoke Nari   In diesem Augenblick: Was fehlte da
noch, wo sich offenbart das Nirwana?

Hier und jetzt ist das reine Land,
und dieser Leib hier ist nichts anderes
als Buddha.

WESENSARTEN

Hakuin beginnt seinen Gesang: »Die Menschen sind in ihrem tiefsten Wesen Buddha.« Was bedeutet das für den modernen westlichen Menschen? Was heißt da »Buddha«? Gilt das nur für Buddhisten?

Ich bin Christ, ich bin Moslem, ich bin Manager, ich bin dies und das, ich bin, ich bin, ich bin ... Natürlich strebt jeder danach, der zu sein, der er am liebsten wäre. Was wären wir denn so alles am liebsten? Wie wäre es mit edel, ritterlich, gut, intelligent, weise? Und aufrichtig, wie wir sind, kennen wir auch andere Seiten unseres eigenen Egos wie grantig, sauer, schlecht gelaunt, betrunken, doof, ungerecht ...

Im tiefsten Wesen aber entspringt unser Sosein immer einer einzigen Quelle. Aus ihr entspringen alle Wesensarten, die, die wir schätzen ebenso wie die, die uns unerträglich machen und uns schaden.

Wenn wir diese tiefste Quelle Buddha nennen, steht das genauso für ewig, heiter, selbstlos, rein. Und da dieser Quelle alles entspringt, empfangen wir aus ihr auch die Gegenpole:

Ewigkeit spiegelt sich in Endlichkeit.
Heiterkeit spiegelt sich in Leidhaftigkeit.
Selbstlosigkeit spiegelt sich in Selbstsucht.
Reinheit spiegelt sich in Befleckung.

Bei jedem Sieg übersehen wir leicht, dass es einen Verlierer geben musste, eine Niederlage, Frustration und Enttäuschung auf der anderen Seite. Wenn, laut Heraklit, der Vater aller Dinge der Krieg ist, wer ist dann die Mutter? Es ist die Liebe! Und wenn alles deren Kinder sind, dann auch der Frieden. Im tiefsten Wesen sind alle Kinder ewig, heiter, selbstlos, rein. Diese grundlegendsten aller Wesensarten sind die Pfeiler des Glücks. Darauf ruht alles.

So, wie es kein Eis gibt ohne Wasser, gibt es nicht einen Menschen ohne das Fundament des Glücks. Wehe denen, die in weiter Ferne suchen und nicht wissen, wie nah die Wahrheit ist. Die Wahrheit kann jeder prüfen, jetzt gleich. Wenn du die folgenden Wesensarten kennst, dann wohl deshalb, weil du sie schon einmal erlebt hast:

Gier, Hass, Zorn, Rachsucht, Heuchelei, Herrschsucht, Neid, Geiz, Heimlichtuerei, Starrsinn, Rechthaberei, Dünkel, Übermut, Rausch, Leichtsinn

Je mehr dieser Wesensschwächen jemand kennt, desto kraftvoller führt sein Weg zum Glück! Gratulation all denen, die mit so viel Power unterwegs sind, unterwegs ins Glück.

Es leuchtet der volle Mond der vierfachen Weisheit.
Jo Raku Ga Ju.

ZEN-MEDITATION AM MEER

Es leuchtet der volle Mond der vierfachen Weisheit.

Blauer Mond.
Vierfach leuchtende Weisheit,
Lotossitz am Strand.
Spüren, wo die Seele wohnt
und mit der Brandung atmend in die Gleichheit
geboren jetzt im reinen Land.

Unsichtbare Welt.
Erste Weisheit: Alles Spiegel der Natur.
Möge dieser Sitz gelingen.
Handeln, wie es Gott gefällt,
Im Sommerwind weht Tao pur ,
Erleuchtungsgeist ins Leben bringen.

Weiter Horizont.
Zweite Weisheit: Alles bedingt ein jedes.
Dein Mantra hebt dich weit,
Herzgeist trägt dich an die Front.
Was ist schon ein Mercedes?
Sei für dein Kairoswerk bereit.

Tropfen funkeln hell im Licht.
Dritte Weisheit: Kein Ding ist von sich allein.
Wie könnten tausend Tropfen Welle werden,
wären sie vom Meere nicht?
Die Möwen würden nicht im Winde schrei'n,
kein Leben hier auf Erden.

Tiefes Blau der See.
Vierte Weisheit: Alles »Mu«.
Lautlos durch Unendlichkeit,
tot sein tut nicht weh.
Mache halb die Augen zu
und sei zu jeder Zeit bereit.

Strahlend voller Mond
verbirgt die dunkle Seite.
Nur wer hell und dunkel sieht, kann voll umfassen,
was zu verstehen wirklich lohnt –
nichts von heilig, große Weite
voller Liebe, Weisheit und gelassen.

Korai im Juni 2008

DIE LIEBESGESCHICHTE DES ZEN-MEISTERS HAKUIN

Die tiefste Erfahrung aller Übung ist diese:
Liebe ist unsere Ursprungsnatur.
Diese Urnatur zeigt sich uns manchmal
in der Liebe einer Mutter zu ihrem Kind,
in der Selbstvergessenheit tiefer Romantik,
auf einer Parkbank im vollen Silberlicht des Mondes,
als Gipfelerlebnis am Ende einer Heldentat,
bei der wir uns selbst überwunden haben,
wenn ein Junge völlig eins wird mit dem Spielzeug,
weswegen er sich die Nase an der Scheibe plattdrückt,
im hohen reifen Alter,
wenn schicksalhaft
uns der Mensch begegnet,
den wir schon immer zu kennen glaubten.
Liebe ist immer in uns, so wie Wasser immer im Eis ist.
Liebe ist der Spiegelsaal des Herzens.
Wie aber können wir es schaffen,
in diesen Spiegelsaal einzutreten,
nicht irgendwann, sondern wenn wir das wollen?
Was, wenn im normalen Alltag dieser Eintritt möglich wäre,
gewissermaßen als Kontinuum, das wir zur Verfügung hätten?
Die Summe aller Gipfelerlebnisse in einem achtzigjährigen
Menschenleben beträgt etwa sechs Stunden.

Alles andere ist Durchschnitt.
Warum eigentlich schaffen wir es nicht öfter,
in diese Urnatur einzutreten?
Diese Urnatur ist pures Glück!
Liebe ist ein anderes Wort für Freiheit, für Frieden,
für Einheit, für Heiterkeit,
für Flow, für Urantlitz, für Gott, für Nirwana,
für Buddhanatur, für Lotosland,
für Paradies, für Thrill, für Gnade, für Glück, für reines Land.
Das Glück ist in uns.
Aber meistens verloren.
Deshalb suchen wir Wege zum Glück
wie Bauchtanz, Urlaub, Elektronik, Essen, Abenteuer
als Versuche, in den Zustand des Glücks einzutreten.
Aber meistens scheitern wir.
Warum bloß ist das so?
Weil zwei wesentliche Merkmale des Glücks
nicht herausgebildet werden:
Weisheit und Liebe.

Was meint Weisheit?
Weisheit ist Erkenntnis: Wie funktioniert die Welt?

Was meint Liebe?
Liebe ist Einheit.

Liebe ist: Mich gibt es gar nicht, ich habe mich vergessen,
ich bin nicht mehr da.
Eintritt in die Einheit.

Weisheit und Liebe zusammen gelebt,
das ist Glück in Person!

ANWEISUNG FÜR DIE GLÜCKSÜBUNG SHI DO

1. Stehe aufrecht, und lasse die Hände seitlich hängen.
2. Verbeuge dich zum Gruß leicht mit dem Blick geradeaus. Rufe laut: »Shi Do!«
3. Stehe aufrecht, lasse die Hände unten, und lege die rechte flach auf die linke. Sage leise: »Jo.«
4. Schöpfe Wasser, indem du die Hände zum Mund führst. Sage leise: »Raku.«
5. Führe die Hände wieder flach vor dem Körper nach unten. Sage leise: »G a.«
6. Lege die Hände als Fäuste mit den Fingern nach oben in die Hüfte. Sage leise: »Ju.«
7. Mache dabei mit dem rechten Fuß einen Halbmondschritt (bogenförmig nach innen und vorne) vor in den Tigerstand (Grundstellung), die linke Faust bleibt an der Hüfte.
8. Hole den Gegner heran mit der rechten Hand, die Handfläche zeigt dabei nach oben.
9. Drücke den Gegner weg, die Handfläche zeigt dabei nach vorn. Sage leise: »Jo.«
10. Ziehe die Hand unter die rechte Achsel zurück.
11. Wehre mit der Hand nach vorn unten ab. Sage leise: »Raku.«
12. Wehre mit der Hand von unten in einer senkrechten Bewegung nach ganz oben ab, der Handrücken zeigt dabei nach oben.

13. Wehre mit der Hand in einer senkrechten Bewegung nach ganz unten ab, der Handrücken zeigt dabei nach vorn. Sage leise: »Ga.«

14. Wehre in Brusthöhe mit der Hand ausladend nach rechts ab.

15. Wehre mit der Hand oben parallel zur Mitte ab. Sage leise: »Ju.«

16. Wechsle die Hände vor der Brust drehend ab, sie sind dabei in Faust-Hüft-Stellung.

17. Mache dabei mit dem linken Fuß einen Halbmondschritt vor in den Tigerstand, die rechte Faust bleibt an der Hüfte.

18. Hole den Gegner mit der linken Hand heran, die Handfläche zeigt dabei nach oben.

19. Drücke den Gegner weg, die Handfläche zeigt dabei nach vorn. Sage leise: »Jo.«

20. Ziehe die Hand zurück unter die rechte Achsel.

21. Wehre mit der Hand nach vorn unten ab. Sage leise: »Raku.«

22. Wehre mit der Hand von unten in einer senkrechten Bewegung nach ganz oben ab. Der Handrücken zeigt dabei nach oben.

23. Wehre mit der Hand in einer senkrechten Bewegung nach ganz unten ab, die Handfläche zeigt dabei nach vorn. Sage leise: »Ga.«

24. Wehre in Brusthöhe mit der Hand ausladend nach links ab.

25. Wehre mit der Hand oben parallel zur Mitte ab. Sage leise: »Ju.«

26. Wechsle die Hände vor Brust drehend ab, sie sind dabei in Faust-Hüft-Stellung.

27. Hole den Gegner mit beiden Händen heran, die Handflächen zeigen dabei nach oben.

28. Drücke den Gegner weg, die Hände zeigen dabei nach vorn. Sage leise: »Jo.«

29. Ziehe die Hände zurück unter die Achseln.

30. Wehre mit den Händen nach vorn unten ab. Sage leise: »Raku.«

31. Wehre mit den Händen von unten in einer senkrechten Bewegung ganz nach oben ab, die Handrücken zeigen dabei nach oben.

32. Wehre mit den Händen in einer senkrechten Bewegung ganz nach unten ab, die Handflächen zeigen dabei nach vorn. Sage leise: »Ga.«

33. Wehre in Brusthöhe mit den Händen ausladend nach links und rechts ab.

34. Wehre mit den Händen oben parallel zur Mitte ab. Sage leise: »Ju.«

35. Wechsle die Hände drehend vor der Brust ab, sie sind dabei in Faust-Hüft-Stellung.

36. Bilde mit den Händen eine Wasserschale vor dem Kinn.

37. Drehe die Hände nach unten, und drücke ganz nach unten. Sage leise: »Jo.«

38. Mache dabei einen Halbmondschritt rückwärts.

39. Drücke die Wasserschale noch drei Mal nach unten, und mache jeweils einen Halbmondschritt zurück.

40. Sage dabei leise: »Raku«, »Ga«, »Ju.«

41. Lasse die Hände seitlich hängen, die Füße stehen parallel zueinander. Verbeuge dich zur Verabschiedung.

JO RAKU GA JU – DER WEG IM ALLTAG

Die Jahre zeichnen zwar die Haut, nicht aber unbedingt den Geist. Ob wir alt sind oder jung, ist keine Frage der Jahre, die wir bereits gelebt haben. Jung sein ist eine Geisteshaltung, die sich im Alltag ausdrückt. Wer noch über die Wunder des Lebens staunen kann, wer sich noch herzhaft wie ein Kind freuen kann, wer noch neugierig fragt »Warum ist das so?«, der ist geistig jung.

Wenn aber eines Tages Gewohnheiten den Ablauf des Tages bestimmen, wenn die eigenen Prinzipien stärker geworden sind als die Abenteuerlust, wenn einer glaubt, die interessantesten Tage des Lebens bereits erlebt zu haben, dann ist nur noch ein Seelchen übrig geblieben, das einen Leichnam mit sich herumschleppt.

Ein kleines Kind stellt vierhundert Fragen am Tag, ein Greis meist nur noch eine: »Wann gibt's Essen?« Wer jung ist, muss noch so viel entdecken von dem, was unsere Welt im Innersten zusammenhält.

Ein Test, ob es für dich noch Wesentliches zu entdecken gibt, bevor du alt wirst:
Wenn Du noch lebst, dann ja!

Jeder Weg, jede Weisheit, jede Philosophie und jede Religion muss im Alltag gefunden werden. Sollte sie da nichts taugen, dann haben wir es bestenfalls mit einer schöngeistigen Theorie zu tun.

- Alltag ist der Job, bei dem es täglich darum geht, im Konkurrenzkampf zu bestehen.
- Alltag ist im Management, wenn Termindruck und Stress zu wenig Zeit übrig lassen.
- Alltag ist in Tagen einer Krankheit, wenn Angst und Depression den Tag bestimmen.
- Alltag ist bei Arbeitslosigkeit, wenn das eigene Wertgefühl leidet.
- Alltag ist Einsamsein, wenn es in der Beziehung kriselt.
- Alltag ist Unglück, wenn das passiert, was man nicht gewollt hat.
- Alltag ist Trauer, wenn Verzweiflung und Leere jeden Sinn verdrängen.
- Alltag ist, wenn alles klappt und Gefahr besteht, Erfolg für selbstverständlich zu halten.

In all diesen beispielhaften Fällen muss der Glücksweg möglich sein, sonst taugt die Übung wenig.

Jo Raku Ga Ju funktioniert zum Beispiel so:

- Morgens nach dem Waschen vor die Tür treten, sich in alle vier Himmelsrichtungen verneigen und die Übung Shi Do durchführen
- Beim Spazierengehen an einer schönen Stelle anhalten, sich in alle vier Himmelsrichtungen verneigen und die Übung Shi Do durchführen

- Im Krankenhaus, im Krankenbett, im Rollstuhl, ob sitzend, liegend oder stehend, sich in alle vier Himmelsrichtungen verneigen und die Übung Shi Do durchführen
- Im Büro, wenn es gerade passt, aufstehen, sich in alle vier Himmelsrichtungen verbeugen und die Übung Shi Do durchführen
- Zu Hause, einfach zwischendurch zur Belohnung des eigenen Daseins, sich in alle vier Himmelsrichtungen verneigen und die Übung Shi Do durchführen
- An guten Tagen, keine Frage, sich in alle vier Himmelsrichtungen verneigen und die Übung Shi Do durchführen
- An schlechten Tagen, gerade dann anhalten, sich in alle vier Himmelsrichtungen verneigen und die Übung Shi Do durchführen

JO RAKU GA JU FÜR FORTGESCHRITTENE

- Den Körper reinigen und pflegen
- Eine Tasse Tee bereiten und in einer kleinen Zeremonie trinken
- Eine Blume der Jahreszeit aufstellen
- Ein wohlriechendes Räucherstäbchen entzünden
- Ein Räucherstäbchen lang meditieren (sitzen in Stille)
- Die Übung Shi Do in alle vier Himmelsrichtungen ausführen
- Den Chorgesang des Zen-Meisters Hakuin rezitieren
- Sich einem sinnvollen Tun zuwenden
- Dies jeden Tag mindestens einmal, ohne Ausnahme
- Die Übung Shi Do lehren, damit andere dir glücklich folgen können

DIE ÜBUNG

JO – RAKU – GA – JU

- **Zustand:** unbewusst kompetent
- Der Übende integriert die Übung in seinen Tagesablauf und erkennt den Grad seines Könnens.
- Atmung, Konzentration und Chi werden so beherrscht, dass es für Außenstehende spürbar wird.
- Die Übung ist verinnerlicht und zeigt den Grad der harmonischen Kontrolle über Geist und Körper.
- **Motto:** Der Weg des Jo Raku Ga Ju wird gelebt.

DAS SYNDROM DES PESSIMISTISCHEN PROPHETEN

Nein, die Übung Shi Do ist nichts für dich!

Es gibt Menschen, die für das Glück nicht geeignet sind.
Das sind die ewig nörgelnden Migränekandidaten, die lieber mit ihrem Fernseher sprechen, als selbst aktiv zu werden. Ein besonderes Exemplar dieser Sorte hat mir einmal erklärt, dass er sich von seinem Fernsehgerät doch nicht vorschreiben ließe, wo er hinzugucken hätte.
Es gibt auch Menschen, die wissen immer sofort, was nicht geht.
Sicher auch bei der Glücksübung Shi Do.
Solche unverbesserlichen Negativpropheten erkennt man daran, dass sie immer recht behalten. »Das bringt sowieso nichts«, ist einer ihrer Erkennungssätze, und tatsächlich haben sie damit recht, egal wie es kommt.
Nehmen wir einmal an, so jemand macht die Übung mit seiner pessimistischen Geisteshaltung, also halbherzig ohne tieferen Sinn, dann behält er recht mit der Annahme, dass das nichts bringt. Oder nehmen wir an, er macht die Übung gar nicht erst, dann hat er auch recht. Darum nennen wir dieses Geschehen »das Syndrom des pessimistischen Propheten«.
Die Welt ist voll von diesen Leuten, und wahrscheinlich muss das auch so sein. Sie repräsentieren die andere Seite der Medaille. Denn nichts existiert allein aus sich heraus, auch nicht das Glück.

Nähme man alles Leid aus dieser Welt, man würde damit auch das Glück eliminieren. Freuen wir uns also über diese Pessimisten, denn sie machen Jo Raku Ga Ju für uns erst möglich.

VON DER VERANTWORTUNG

Für die Durchführung der Übung Shi Do ist jeder selbst verantwortlich, ausnahmslos und überall. Sollten Zweifel über den Nutzen für das eigene Leben bestehen, so fehlt es an der Einsicht, was einem wirklich guttut. Auch wenn jemand dazu seinen Arzt oder Apotheker befragt, so ist er dennoch selbst verantwortlich.

Eines der missverständlichsten Wörter in unserer Sprache ist der Begriff »Verantwortung«. Um das zu erklären, definieren wir einmal, was wir unter Verantwortung verstehen: Wir sprechen dann von Verantwortung, wenn vier Bedingungen erfüllt sind, fehlt einer dieser vier Aspekte, dann handelt es sich nicht um Verantwortung, sondern nur um einen Teilaspekt davon.

1. Der erste Aspekt, der erfüllt sein muss, ist das Erkennen einer Aufgabe.
2. Der zweite Aspekt, der erfüllt sein muss, ist das Treffen einer Entscheidung.
3. Der dritte Aspekt, der erfüllt sein muss, ist das Handeln gemäß der getroffenen Entscheidung.
4. Und weil es keine Handlung ohne Folgen gibt, gehört als vierter Aspekt auch die Bereitschaft dazu, die Folgen dieser Handlung zu tragen.

Nur wenn diese vier Bedingungen erfüllt sind, haben wir es mit Verantwortung zu tun. Wenn einer oder mehrere dieser vier Bestandteile fehlen, ist es eine Aufgabe, eine Entscheidung oder eine Handlung – aber noch keine Verantwortung.

Anhand dieser Definition können wir immer überprüfen, welche der Qualitäten jeweils vorliegt. Ein Beispiel: Haben Eltern Verantwortung für ihr Kind? Prüfen wir das:

Die Eltern erkennen, dass ihr Kind in den Kindergarten gehen soll. Gut, Aufgabe erkannt.

Die Eltern entscheiden, ob sie ihr Kind im evangelischen oder im katholischen Kindergarten anmelden. Gut, Entscheidung getroffen.

Die Eltern handeln gemäß ihrer gemeinsamen Entscheidung und melden das Kind beim evangelischen oder beim katholischen Kindergarten an. Gut, Umsetzung durch Handlung.

Frage: Wer trägt für den Rest seines Lebens die Folgen dieser Handlung? Die Eltern? Nein, das Kind wird evangelisch oder katholisch, meistens für den Rest seines Lebens.

Es handelt sich also um eine Aufgabe gegenüber dem Kind. Und diese Aufgabe macht nicht ein Viertel aller Aspekte aus, sondern ein Drittel, weil es nur drei Aspekte gibt. Das bedeutet, dass die Aufgabe, ein Kind zu erziehen, wesentlich größer ist, als manche Eltern glauben, weil das Kind die Folgen tragen muss. Ebenso könnte man überprüfen, ob ein Manager die Verantwortung für seine Mitarbeiter hat, ob der Präsident Verantwortung für sein Volk hat oder ob ein Partner Verantwortung für seinen Ehepartner hat: In allen Fällen ist es unmöglich, einem anderen die Folgen für ihn abzunehmen.

Es gibt nur einen Bereich des Lebens, in dem wir auch die Folgen der Entscheidungen und Handlungen tragen, und das ist unser eigenes Leben. Darum rate ich jedem: Falls es Gründe gibt, einen Arzt, Apotheker, Heilpraktiker oder Ratgeber zu fragen, ob denn Shi Do in seiner Situation gut sei, dann möge er bitte fragen. Aber die Verantwortung bleibt dennoch seine ganz persönliche. Auch für das Glück.

Nicht auszudenken, was sich alles im Leben ändern würde, wenn wir es zuließen, noch glücklicher zu werden!

Wenn Du wissen willst, was hinter der Tür mit dem Schild »Glück« ist, öffne sie und sieh nach, den Schlüssel hast du. Und noch etwas:

Kein Mensch muss glücklich sein. Glück ist völlig freiwillig!

KORAI PETER STEMMANN

Korai ist der japanische Ordensname Peter Stemmanns und bedeutet: »Donner inmitten des ruhigen Sees«.

Zu diesem Buch wurde Korai Peter Stemmann durch ein Video-
interview inspiriert, das er mit seinem damals 92-jährigen Großvater Wilhelm im Jahre 1986 führte. Dabei hörte er zum ersten
Mal von Opas Glücksübung. Das erste Manuskript dazu schrieb er
während seines dreijährigen Retreats im Teufelsmoor bei Worpswede. Dort begegneten ihm auch Zen-Mönche und Budo-Meister,
von denen er abermals von dieser Übung erfuhr. Das musste eine
Botschaft sein, die auch anderen Interessierten zugänglich sein
sollte.

Korai ist Ordensmitglied eines japanischen Zen-Ordens und Dharma-Nachfolger von Rei Shin Bigan Roshi. Er lehrt als Coach eine »East-meets-West«-Geisteshaltung. Seit 1981 ist er als externer Coach für internationale Firmen tätig.

Er hat zahlreiche Bücher zu östlicher Philosophie und Coachingmethoden veröffentlicht, zuletzt *Die 108 Perlen der Mala* im Schirner Verlag.

Die Kalligrafien entstanden in Kooperation mit dem Künstler Manfred Wenzel aus Köln, mit dem über die Autorenseite www.korai.eu Kontakt aufgenommen werden kann.

Das Video zur Glücksübung Shi Do mit Wolf-Dieter Wichmann (Budo-Meister, 7. Dan, 3-facher Vize-Weltmeister, Europameister und Budo-Lehrer), aus dem die Bilder im Buch stammen, kann auf www.schirner.com angesehen und heruntergeladen werden. Kontakt mit Wolf-Dieter Wichmann ist über seine Seite www.budo-club.de möglich.

LITERATURHINWEISE

Bovay, Michel/Kaltenbach, Laurent/De Smedt, Evelyn: *ZEN*. Kösel Verlag 1996

Charon, Jean E.: *Der Geist der Materie*. Ullstein 1982

Dethlefsen, Thorwald: *Schicksal als Chance*. Goldmann 1998

Dethlefsen, Thorwald/Dahlke, Ruediger: *Krankheit als Weg*. Bertelsmann 1998

Gibran, Khalil: *Der Prophet*. Walter-Verlag 1972

Haeckel, Ernst: *Die Welträtsel*. Kröner Verlag 1984

Heim, Burkhard: *Einheitliche Beschreibung der materiellen Welt*. Resch Verlag 1990

Herrigel, Eugen: *Zen in der Kunst des Bogenschießens*. O.W. Barth 2008

Joschke, Bernd/Stemmann, Peter: *Zen und Management*. mvg Verlag 1995

Kelder, Peter: *Die fünf »Tibeter«*. Integral Verlag 1989

Paris, Don/Köhne, Peter W.: *Die vorletzten Geheimnisse*. Euro Verlag 1996

Saint-Exupéry, Antoine de: *Der kleine Prinz*. Karl Rauch Verlag 1950

Sheldrake, Rupert: *Sieben Experimente, die die Welt verändern könnten*. Scherz 1994

Simonton, Carl O.: *Auf dem Wege der Besserung*. rororo 1993

Stemmann, Korai Peter: *Die 108 Perlen der Mala*. Schirner Verlag 2010

Stemmann, Korai Peter: *Management-Tarot*. Urania Verlag 2002

Stemmann, Korai Peter: *Tiefe Seele, weites Herz*. Hörbücher. Co'Med Verlag

Stemmann, Korai Peter/Wenzel, Manfred: *Das Enneagramm. Handbuch mit 81 Karten*. Urania Verlag 1999

Stemmann, Korai Peter/Zürn, Peter: *Zengeist auf meisterlichen Wegen*. Schirner Verlag 2007

Video-Empfehlungen

Die Möwe Jonathan. Richard Bach auf CIC Video

Zehn hoch. Spektrum Video

Und täglich grüßt das Murmeltier. Mit Bill Murray auf United Video.

DER VOLLSTÄNDIGE ÜBUNGSABLAUF

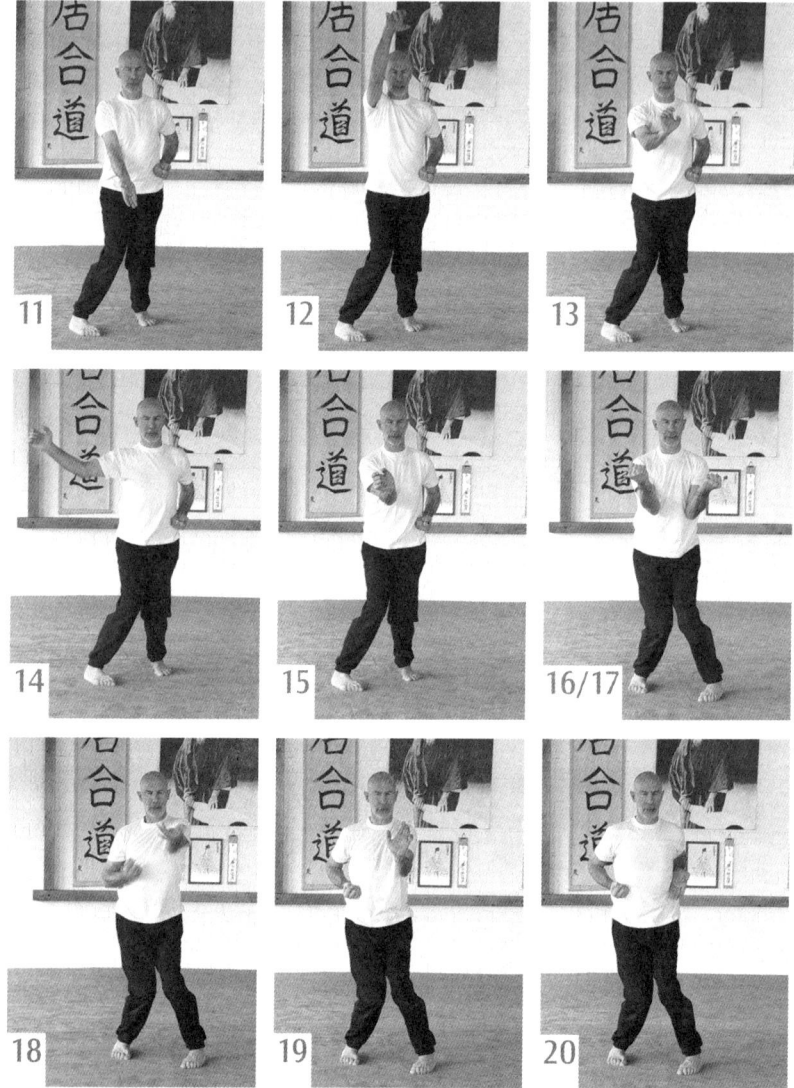

Die schrittweise Anleitung findet sich auf Seite 126 ff.

Die Abbildungen sind einem Übungsvideo mit Wolf Dieter Wichmann entnommen, der Europameister und dreifacher Vize-Weltmeister im Karate ist und den 7. Dan trägt. Dieses Video kann auf
www.schirner.com angesehen werden.

Von Korai Peter Stemmann im  erschienen:

ZEN-Geist auf meisterlichen Wegen

Korai Peter Stemmann & Peter Zürn

119 Seiten, durchgehend farbig illustriert
ISBN 978-3-89767-325-0

»Der Geist fließt auch wieder aus der Form heraus. Er bleibt nicht in der momentanen Gestalt, er bleibt immer nur im Fluss und sich selbst treu. Das ist erlebte Freiheit. Formen werden angenommen und immer wieder verlassen. Die Form ist kein Zwang mehr, sondern willkommen, nur noch Übergang, um in die jeweils nächste Form zu fließen.«

Zen vermittelt keinen Glauben, kein Dogma und kein theoretisches Wissen, sondern ist eine Übungsform zur Reinigung von Herz und Geist durch Handlung und Haltung im gelebten Alltag.

Die 108 Perlen der Mala
Die Weisheiten der buddhistischen Gebetskette

Korai Peter Stemmann

352 Seiten, mit Abbildungen

ISBN 978-3-89767-868-2

Seit Jahrtausenden werden in den östlichen Religionen die sogenannten Malas, Gebetsketten mit 108 Perlen, zur Meditation verwendet. Dabei steht jede Perle für eine Erkenntnis auf dem Stufenweg zur Erleuchtung. Korai Peter Stemmann stellt erstmals die Bedeutung jeder einzelnen Perle dar. Die einzelnen Lektionen werden nicht nur theoretisch erläutert, sondern auch anhand unterhaltsamer Erzählungen und Gleichnisse erfahrbar.

Korai Peter Stemmann geht es weniger um das intellektuelle Nachvollziehen der Themen als um ein intuitives Verstehen, das direkt ins Bewusstsein wirkt.